Klaus Günzel

Die Brentanos

Eine deutsche Familiengeschichte

Artemis

Alle Rechte, einschließlich derjenigen des auszugsweisen
Abdrucks und der fotomechanischen Wiedergabe, vorbehalten.

Gestaltung: Urs Berger-Pecora

Artemis & Winkler Verlag
© 1993 Artemis Verlags-AG, Zürich
Printed in Germany
ISBN 3-7608-1089-6

Inhaltsverzeichnis

Prolog: Vom Comer See an den Main   7

1. Kapitel: Zwei Familien   25
Magnaten und Mäzene   26
«Alles aus Liebe, sonst geht die Welt unter» – Die La Roches   32

2. Kapitel: Glanz und Elend von Kaufmannsehen   55
Ein Italiener in Frankfurt   56
Maximiliane   60
Die dritte Ehe   74

3. Kapitel: Die romantische Generation   77
Schatz und Heiligtum der Familie – Franz und Antonia Brentano   78
Rätsel eines Menschenlebens – Sophie Brentano   92
Der Wunderhornist – Clemens Brentano   102
Dauer im Wechsel – Gunda Brentano und ihre Ehe mit Friedrich Carl von Savigny   118
Bauer und Nachlaßverwalter – Christian Brentano   124
Feuer und Magnetismus – Bettine Brentano und ihre Ehe mit Ludwig Achim von Arnim   128
Zwei Schönheiten – Lulu und Meline Brentano   146
Eine kleine Republik – Die anderen Geschwister   151

4. Kapitel: Abendleuchten der Kunstperiode   157
Kinder einer Übergangszeit   158
Erben eines Jahrhunderts   163

Anhang   175
Nachbemerkung   176 · Peter Anton Brentano aus dem Hause Tremezzo, seine drei Frauen und zwanzig Kinder – Ein Überblick   178 · Genealogische Übersicht über die in diesem Band dargestellten Generationen der Brentano-Familie   180 · Literaturhinweise in Auswahl   181 · Personenregister   184 · Ortsregister   190 · Bildnachweis   192

Prolog:
Vom Comer See an den Main

Menschen stehen in seltenen Augenblicken nicht nur ihrer eigenen Geschichte, sondern auch der Vergangenheit ihrer Familie gegenüber, in deren langer Kette sie selbst nur einzelne Glieder sind. In solchen Sternstunden, die durch die Gunst der Stunde oder des Ortes bewirkt sein können, wogt eine unendliche Reihe von Gestalten aus dem Dunkel der Vorzeit herauf und zieht an dem Lebenden vorüber: ihm bedeutend, daß er ja auch zu ihnen gehört und daß er gerade das neueste Kapitel jenes alten Romans schreibt, an dem sie alle geschrieben haben – jenes alten Romans, der freilich selbst mit diesem neuesten Kapitel noch nicht zu Ende sein wird.

So erging es dem Professor Lujo Brentano, den seine Zeitgenossen als Nationalökonomen und Sozialpolitiker kannten, als er an einem Frühlingstag zu Beginn unseres Jahrhunderts das Postamt in Cadenabbia am Comer See verlassen hatte und nun, die Schönheit der Landschaft betrachtend, am Ufer des Lario stand. «Ich kenne keine Gegend, die so wie diese sichtlich vom Himmel gesegnet ist.» So hymnisch hatte den Landstrich einst Franz Liszt gepriesen, der hier um das Jahr 1837 zusammen mit seiner Geliebten, der Gräfin d'Agoult, buchenswerte Wochen verbrachte: der Name ihrer Tochter Cosima, die in Bellagio zur Welt kam, war auch eine Huldigung an den Comer See, der «vom Himmel gesegneten» Stätte des Liebesidylls.

Die malerischen Villen auf der Halbinsel Bellagio konnte der Professor Brentano deutlich erkennen, ebenso das mondäne Menaggio, das wie Cadenabbia am Westufer des Sees liegt. Nach Süden hin erstrecken sich die Rhododendron- und Azaleenfluren der Riviera della Tremezzina, die aber den aus dem Norden herbeigereisten Gast nicht nur wegen ihrer Blütenpracht faszinierte. Denn er wußte, daß aus dieser von Natur, Kunst und Geschichte gleichermaßen ausgezeichneten Landschaft seine Vorfahren gekommen

waren, bevor die Familie später in Deutschland zu Glanz und Ruhm gelangte. Und wie zur Bekräftigung solcher Erinnerungen trat in diesem Moment an ihn ein elegant gekleideter Herr heran, der im Postamt den Namen des fremden Professors erfahren hatte und sich nun vorstellte. Ein Brentano sei auch er, sogar ein Vetter des deutschen Besuchers und überdies Bürgermeister des nahen Ortes Griante. So geriet der humanistisch gebildete, ansonsten aber mehr den Fragen seiner Gegenwart zugetane Gelehrte auf die Spuren seiner Ahnen, die er hier überall wahrnehmen konnte: in der zauberhaften Bucht von Lenno, die den Poeten des Barock als «Spiegel der Diana und Venus» erschienen war; auf der Isola Comacina, wo noch die Ruine einer romanischen Basilika von längst vergangenem Reichtum zeugt; oder im Intelvital, aus dem so viele Künstler, die Maestri intelvesi, gekommen waren, die gleich den Brentanos nördlich der Alpen gewirkt haben, vor allem als Architekten, Bildhauer und Maler. Der Vetter und Bürgermeister zeigte dem Gast die Häuser, die seine Vorväter erbaut hatten oder in denen sie geboren waren, so in Azzano und besonders in Tremezzo, wo anno 1735 der spätere Frankfurter Handelsherrr Peter Anton Brentano als Pietro Antonio Brentano das Licht der Welt erblickt hatte, der Vater der Dichtergeschwister Clemens und Bettine Brentano sowie zahlreicher weiterer Kinder, denen die deutsche Kultur unverlierbare Schätze verdankt.

Die Kunstlandschaft um den Comer See ist von mannigfachen, oft gegensätzlichen Einflüssen geprägt. In der Urheimat der Brentanos, im südlich von Tremezzo gelegenen Lenno und auf der Halbinsel Bellagio, sollen die beiden Villen des jüngeren Plinius gestanden haben, der von ihrer anmutigen Lage bereits im ersten nachchristlichen Jahrhundert schwärmte: von «den kristallenen Kanälen, die sich so angenehm an den blühenden Ufern entlangziehen, mit

Der Comer See aus der Sicht eines romantischen Künstlers.
Lavierte Bleistiftzeichnung von Friedrich Nerly.

dem bezaubernden See, der sowohl nützlichen Zwecken wie zugleich der Schönheit dient». Später, im frühen und hohen Mittelalter, öffnete sich der ganze italienische Norden den Anregungen der deutschen und französischen Baukunst. Mönche des Zisterzienserordens brachten den Geist der Gotik über die Alpen. Kuppeln und Türme der Kirchen von Como verrieten rheinländische Einwirkungen, womit sie auf einen fernen Kulturraum verwiesen, in dem das Geschlecht der Brentanos mehr als ein halbes Jahrtausend danach seine höchste Entfaltung erleben sollte.

Auf geistigen und wirtschaftlichen Austausch mit den deutschen Nachbarn war man eingestellt, die freilich auch bald Herrschaftsrechte geltend machten, seit sich Kaiser Otto der Große 951 in Pavia als König der Franken und Langobarden huldigen ließ. Soziale Gegensätze in den Städten, die Auseinandersetzungen zwischen Adel und Geistlichkeit, das wachsende Selbstbewußtsein der oberitalienischen Kommunen, besonders jedoch die verhängnisvolle Rivalität zwischen Kaiser und Papst beherrschten jahrhundertelang die Lombardei, die als «Reichsitalien» von den römisch-deutschen Herrschern beansprucht wurde. Die Zerstörung Mailands durch Friedrich I. Barbarossa gab davon Kunde, obwohl er die wirtschaftliche Macht der Lombardischen Liga nicht zu beseitigen vermochte, hinter der auch Venedig und der Kirchenstaat standen. Der seit den Tagen Heinrichs IV. und Gregors VII. einer Entscheidung zutreibende Kampf zwischen Kaiser und Papst trat damit in eine neue Phase, die selbst der Staufer Friedrich II. auf die Dauer nicht zu seinen Gunsten wenden konnte. In den oberitalienischen Städten tobte das 13. Jahrhundert über mit wechselndem Glück der unnachgiebige Kampf zweier Parteien: der auf den Kaiser eingeschworenen Ghibellinen und der dem Papst verpflichteten Guelfen.

Im chaotischen Getümmel dieser Parteiengefechte erscheint, nebelhaft genug und zur Mythenbildung geradezu herausfordernd, die Gestalt, auf die alle Linien der Brentanos ihre Stammbäume zurückführen – die Gestalt des Ghibellinen Johannes de Brenta, von dem die Familientradition glaubt, daß er in dem Ort Brenta, vielleicht auf einer Burg gleichen Namens zwischen dem Lago di Varese und dem Lago Maggiore, geboren war. Die Brenta oder Brentani sollen mit den Grafen von Mede verwandt gewesen sein und einen Teil von deren Lehen übernommen haben. In Bonzanigo am Comer See, zwischen Tremezzo und Azzano gelegen, hat sich Johannes de Brenta mit anderen Angehörigen seiner Sippe niedergelassen. In Mailand herrschte damals bereits das Geschlecht der Visconti, in Como zunächst noch der Bischof Giovanni degli Avvocati, der es mit den Guelfen hielt. Im Frühjahr 1282 kam es zum Überfall ghibellinischer Gefolgsleute auf die Stadt Como, die sie eroberten und deren bischöflichen Palast sie niederbrannten. Der geflohene Kirchenfürst belegte die Aufrührer mit dem Kirchenbann, unter ihnen den Ritter Johannes de Brenta und seine Verwandten.

In einem Codex des 15. Jahrhunderts ist das Wappen der Familie überliefert, das eine «Brenta» oder «Brente» zeigt: eine Tragbütte, in welche die Weinbauern jener Gegend die Trauben zu lesen pflegen. Der Reichsadler, der gelegentlich im Haupt des Schildes auftauchte, verwies auf die ghibellinische Gesinnung der Sippe, während eine Schlange auf die mailändischen Visconti hindeutete, zu deren Etablierung im Gebiet von den Alpen bis nach Bologna die Brentanos beigetragen hatten. Sechshundert Jahre nach dem flüchtigen Auftauchen des Ritters Johannes auf dem Welttheater setzte sein Nachfahre, der Dichter Clemens Brentano, im pittoresken Reigen der «Romanzen vom Rosenkranz» den mittlerweile fast sagenhaften Zwistig-

Wappen der Brentanos aus dem 15. Jahrhundert. Blatt aus dem von Pietro Arlone gefertigten Wappenbuch der adeligen Familien von Como.

keiten ein Denkmal, in die auch seine Vorfahren verstrickt waren:

> Und da diesen eignen Händeln
> sich noch fremde eingeflochten,
> Ghibellinen und die Guelfen,
> Ward die Sache mehr verworren.
>
> Und so ward gar viel gerechtet,
> Manches Blut im Streit vergossen,
> Daß die Frauen bittre Tränen
> Um die Toten weinen konnten.

Die uradlige Herkunft der Familie und manche Geschichte aus ihrer Frühzeit werden nun allerdings von einem modernen Genealogen energisch in Frage gestellt. Die späteren Brentanos, die ja erst in Deutschland zu Titeln, Ehrungen und Besitz gelangten, hätten die spezifisch deutschen Gegensätze zwischen «Adligen» und «Bürgerlichen» auf die Sozialstrukturen übertragen, die im Mittelalter für das Land um den Comer See charakteristisch waren, was aber auf einem grundsätzlichen Denkfehler beruhe. Zum lombardischen Uradel hätten die Brentanos keineswegs gehört, so gut wie nichts sei in dieser Hinsicht tatsächlich nachweisbar. Alle entsprechenden Familiennachrichten würden auf Anträgen beruhen, mit denen einige Angehörige der Dynastie um und nach 1700 in der kaiserlichen Kanzlei zu Wien um die Bestätigung ihres Adels nachgesucht hätten. Dort sei man jedoch überhaupt nicht in der Lage gewesen, dergleichen «hochjubilierte» Sagen zu überprüfen, und so habe man schließlich alles anerkannt, versehen mit den Unterschriften Kaiser Leopolds I. oder der Kaiserin Maria Theresia. Wer aber würde wohl die Apostolischen Majestäten ernsthaft des Irrtums bezichtigen wollen?

Der Genealoge Alfred Engelmann, der solchermaßen gegen die Familientraditionen zu Felde zieht, führt als Beispiel ein Dokument aus dem Staatsarchiv Mailand an. Darin macht sich die alteingesessene Aristokratie von Mailand darüber lustig, daß der 1715 in den Grafenstand erhobene Giuseppe Brentano-Toccia, seines Zeichens Seidenhändler zu Wien, der Sohn eines Handelsmannes war, der noch wenige Jahre vorher mit dem Bauchladen über die Straßen der Lombardei gezogen ist. Die bombastischen Stammbäume der Brentanoschen Adelsbriefe, so Engelmann, würden «in fast schockierender Weise» mit dem Material kontrastieren, das die Notarsakten der Ortschaften am Comer See enthalten: «Als wären es zwei verschiedene Welten!» Dabei hat der Genealoge sogar Vorfahren ermittelt, die bereits im 12. Jahrhundert gelebt haben. Seinen Recherchen zufolge hat ein Johannes de Bonzanigo, jedenfalls ein Angehöriger der Familie, 1149 Land bei Tremezzo und Susino gekauft. 1197 wird ein Johannes del Brenta als Gerichtszeuge genannt. Demnach sind die ältesten bekannten Brentanos zwar Grundeigentümer, aber keine Adligen im deutschen Sinne gewesen.

Gegen diesen Versuch einer Entmythologisierung erheben quellenkundige Vertreter der Familie stichhaltige Einwände, wobei sie sich durchaus auf seriöse Unterlagen berufen können. Neben mehreren Werken, die vor allem aus dem 17. Jahrhundert stammen, dürfen sie als Argument das alte Wappen anführen, das neben dem ghibellinischen Reichsadler die bekannte Brente (Bütte) sowie den Löwen und die Schlange der Viscontis zeigt. In einer von Kaiser Leopold I. am 9. Januar 1703 paraphierten Urkunde ist sogar davon die Rede, daß die Brentanos eigentlich aus England stammten und erst später, vielleicht im 11. oder 12. Jahrhundert, in die Lombardei eingewandert sind. Wogegen der nüchterne Genealoge nun allerdings wiederum geltend macht, daß eben die effektvollen Geschichten der Adelsdiplome häufig von den Familien selbst herrührten und von den kaiserlichen Kanzlisten ungeprüft übernommen wurden.

Wir können und wollen den Streit nicht entscheiden, der wohl mehr, als es alle Beteiligten wahrhaben möchten, auf Interpretationsproblemen beruht, etwa auf der Frage, ob die Bezeichnung «Nobile», mit der die Brentanos ausgestattet waren, in der Zeit um 1300 am Comer See bereits die gleiche Bedeutung hatte wie im 18. Jahrhundert. Vielmehr halten wir es für reizvoll und in einem höheren Sinne beinahe für kennzeichnend, daß die Anfänge der Familie Brentano im nicht mehr eindeutig aufzuhellenden Dämmerlicht von Historie und Mythos, von Geschichte und Dichtung zu suchen sind. Clemens Brentano, der poetische Nachfahre der «Nobili» vom Comer See, hat bekanntlich zusammen mit seinem Gefährten Achim von Arnim in der Liedersammlung «Des Knaben Wunderhorn» manchen Text eingeschwärzt, der in Wahrheit von den Herausge-

bern stammte. Hinter Quellenangaben wie «In der Spinnstube eines hessischen Dorfes aufgeschrieben» oder «Altes Musikbuch» verbarg sich oft genug die Freude der romantischen «Wunderhornisten» an der Mystifikation oder die Lust an der ironischen Verschleierung der Grenze zwischen dem eigenen dichterischen Einfall und dem exakten antiquarisch-bibliographischen Beleg. So mögen die frühesten und oft nur zufällig überlieferten Nachrichten aus der Geschichte der Brentano-Dynastie wie vieldeutige Bruchstücke erscheinen, die sich eher zum romantischen Wunderhorn runden als zur akribischen Ahnentafel!

Ob die Brentanos mit dem zerstörten Kastell Brenta in der Nähe des Lago Maggiore mehr zu tun hatten, als eine vielleicht nur zufällige Ähnlichkeit der Namen vermuten lassen mag, wird unerforschlich bleiben. Um 1200 lebten sie als «Singolari» (freie Grundeigentümer) in den Weilern Tremezzo und Bonzanigo am Westufer des Comer Sees. Sie ernährten sich, wohl ziemlich bescheiden, vom Kleinhandel und von den Erzeugnissen ihrer Felder: von Getreide und Kastanien, Fisch und Hausgeflügel, Butter, Oliven und Wein. Sie wohnten in Gebäuden, die aus Natursteinen gefügt und mit steinernen Platten gedeckt waren. Sie sprachen den lombardischen Dialekt ihrer Heimat, nicht das bereits klassische Italienisch der Gebildeten. Sie durften kaum wohlhabend, keinesfalls reich genannt werden und waren doch schon in dieser frühen Zeit selbst- und sippenbewußt. Dazu trug die weite Verbreitung der Familie und ihre Verzweigung in mehrere Linien bei. Oft geschah es, daß in der gleichen Gemeinde zwei Elternpaare der Brentanos mit den gleichen Namen lebten und ihren Kindern wiederum die gleichen Vornamen gaben. So wurden einzelne Angehörige mit Bezeichnungen versehen, die individuelle Besonderheiten benannten, etwa «der Bucklige», «der Einäugige», «der Hinkende» oder «der Bäcker»,

Casa Brentano in Azzano am Comer See. Foto nach einer alten Platte aus dem Nachlaß Christian Brentanos.

«der Gastwirt», «der Schneider», wobei Schneider auch mit Stoffen und Tuchen handelten. Die Grenzen fließen nach allen Seiten hin, und besonders die Monotonie der Vornamen bei einer Vielzahl von Personen – so immer wieder Antonio, Martino, Giovanni bei Vätern, Söhnen und Enkeln – verwandelt die Dynastie Brentano bereits damals in ein schwer überschaubares, schier labyrinthisches Gewimmel, bei dessen Betrachtung selbst der geübte Genealoge schnell falschen Zuordnungen erliegen kann.

Die anhaltenden Kämpfe zwischen Ghibellinen und Guelfen, die auch weiterhin die Lombardei erschütterten, und die ersten verheerenden Pestepidemien hinderten einige Brentanos nicht daran, ihre irdischen Güter zu mehren. Nachdem der Condottiere Francesco Sforza, der Schwiegersohn des letzten Visconti-Herrschers, 1450 Herzog von Mailand geworden war, nutzten die Brentanos die nun beginnende Friedens- und Blütezeit, um sich durch kalkulierte Eheschließungen mit Töchtern anderer Grundbesitzer neue Ländereien zu verschaffen. Mehrfach heirateten sie Mädchen aus guelfischen Geschlechtern, um die Versöhnung mit den alten Feinden auch nach außen hin anzuzeigen. Es war die Epoche, in der unter der Ägide der Sforzas das lombardische Land einen lange nicht dagewesenen kulturellen und wirtschaftlichen Aufstieg erlebte.

Giovanni de Brentano, zwischen 1410 und 1420 in Bonzanigo geboren und dort sein Leben lang ansässig, kaufte Häuser, Fluren und Geschäfte in der ganzen Umgebung, verpachtete sie auch wieder und galt offenbar als vermögender Mann. Sein Sohn Zanolo, «sér Zanni» genannt, zog ins nahe Tremezzo und begründete dort die Linie «Brentano-Tremezzo». Jedenfalls gehörte er dem Adel an und wirkte in der Ältestenversammlung, was ihn nicht daran hinderte, als Müllermeister eine Wassermühle zu betrei-

ben, die er zu diesem Zweck pachtete: Zugehörigkeit zum Ortsadel und Ausübung eines plebejischen Brotberufs schlossen einander nicht aus. Er konnte noch die höchste Blüte des lombardischen Renaissance-Geistes unter dem Herzog Ludovico Sforza erleben, aber ebenso dessen plötzlichen Sturz durch die Franzosen. Schweizerische, italienische, deutsche und spanische Landsknechtsheere zogen nun wieder plündernd umher. Zanolo de Brentano starb um das Jahr 1515 in Tremezzo, während König Franz I. von Frankreich in der Schlacht von Marignano die Eidgenossen aufs Haupt schlug und die Lombardei für immer zu gewinnen suchte.

Die erneuten Wirren, denen die Besitztümer der Brentanos in Menaggio und anderen Orten am Comer See zum Opfer fielen, endeten erst zehn Jahre später, als Kaiser Karl V. die Franzosen in der Schlacht bei Pavia besiegte und aus Norditalien vertrieb. Nach dem Tode des letzten Sforza übergab der Kaiser das Herzogtum Mailand seinem Sohn, der später als König Philipp II. von Spanien zum Bannerträger der Gegenreformation wurde. Die Lombardei sank zur Provinz der spanischen Habsburger herab, deren Vizekönige die Steuern für Madrid eintrieben. Unter dem Erzbischof Carlo Borromeo wurden Mailand und mit ihm der Raum um den Comer See zum Hort militanten gegenreformatorischen Geistes, der fortan auch die Künste prägte. Die triumphierende römische Kirche und die spanischen Beamten konnten freilich nicht vergessen machen, daß der vorangegangene Bürgerkrieg und neuerliche Pestepidemien das Land verwüstet hatten. Ein Chronist beschrieb 1569 das eingeäscherte Tremezzo, wo auch die Besitzungen der Brentanos in Trümmern lagen: «In der vergangenen Zeit stand diese Gegend in voller Blüte, sowohl durch den Glanz ihrer Edelleute als auch durch den Reichtum, den sie im Überfluß besaß. Jetzt aber ist infolge der langen Kriegswirren ein großer Teil der Häuser verbrannt. Das Land hat viel von seinem Werte verloren.»

Damals mußten sich die Brentanos sogar gegen den Verlust ihres Wappens wehren, da ihnen die Viscontis die gekrönte Schlange darin streitig machten. Wenigstens endete dieser Zwist erfolgreich für die Familie, aber sonst machten die Heimsuchungen der Zeit keineswegs Halt vor ihr. Ein Bernardino de Brentano starb 1630 unter Pestverdacht in einer Isolierbaracke bei Tremezzo. Ein anderer Bernardino, genannt «lo Zoppo», da er lahmte, suchte sein Auskommen als Handwerksmeister, vielleicht als Schneidermeister, zu finden. Seinem Enkel Natale wird eine ähnlich seltsame Verbindung von sehr unterschiedlichen Berufen nachgesagt: er handelte mit Textilien und soll außerdem königlich spanischer Oberst gewesen sein. Hoch war die Sterblichkeit der Kinder und auch der eingeheirateten Frauen, die häufig bei der Entbindung starben. Gelegentlich folgte ihnen die Haushälterin ins Brentanosche Ehebett.

Zur Zeit der spanischen Herrschaft war die Familie bereits derartig in zahlreiche Linien, Äste und Zweige aufgespalten, daß sich sogar ihre Mitglieder im genealogischen Dickicht zu verirren begannen. Zur halbwegs praktikablen Orientierung wurden die verschiedenen Linien mit Sammelnamen versehen, die ihnen oft einen hochtrabenden Klang gaben. Zuweilen wurden sie vom Stammvater abgeleitet, wie etwa «ser Franzo», «Gnosso» oder «del Simone». Andere Beinamen verwiesen auf den Beruf des Ahnherrn, so «del Medico» (Arzt), «del Ferrarolo» (Schmied) und «Spinola» (Drahtzieher), oder sie erinnerten an individuelle Besonderheiten des Vorfahren, so «Collo Storto» (Schiefhals) oder «Mancino» (Linkshänder). Besonders wohltönend sind die Bezeichnungen, die nichts anderes als die lokale Lage des Stammhauses andeuten sollten, bei-

spielsweise «Cimarolo» (auf der Höhe), «Monticello» (auf dem Hügel) und «di Fondo» (am Grunde). An Adelshäuser im deutschen Sinne darf man dabei nicht denken, nicht einmal an Burgen oder Kastelle, eher an vergleichsweise bescheidene Gebäudeblöcke, die durch Mauern vor herrenlos gewordenen Söldnern und anderem herumstreichendem Gesindel schützen sollten.

Das Verwandtschafts-Gestrüpp wurde noch verworrener durch die auffallend vielen Heiraten innerhalb der Brentano-Dynastie, was mehrfach den Einspruch der Geistlichkeit hervorrief. Der Familienforscher Alfred Engelmann hat aufgelistet, daß bis zum Jahre 1499 fast ein Viertel aller geschlossenen Ehen «Brentano-Brentano-Heiraten» waren. Zwischen 1500 und 1599 stieg die Hochzeitsfreudigkeit innerhalb der Sippe auf mehr als 37 Prozent, und im 17. Jahrhundert haben 39 Prozent der Brentanos ihre Frauen aus der weiteren und manchmal auch engeren Verwandtschaft heimgeführt, so daß 243 von 602 bekannten Heiraten in diesem Zeitraum innerfamiliäre Eheschließungen waren!

Trotz dieser nach unserem Verständnis einigermaßen befremdlichen Statistik bescheinigt der Genealoge immerhin, «daß die Bevölkerung des Comer Sees und damit auch die Brentano-Sippe sich auszeichnet durch eine gewisse Feinheit des Körperbaus, der Gesichtszüge und der Sinne, durch schnelle Auffassungsgabe (auch aus den Briefen und der Kontenführung ersichtlich) und ein – man möchte sagen – nobles Benehmen. Auch all dies hat sicher den Brentanos den Zugang zu den deutschen Adelskreisen erleichtert.»

Die reiche Nachkommenschaft, die aus den zahllosen Ehebündnissen hervorging und die stets neue Erbteilungen erforderlich machte, aber ebenso die Folgen der Bürgerkriege, der Pestseuchen und des spanischen Besatzungsre-

Tremezzo, Villa Carlotta im 18. Jahrhundert. Kupferstich von M. Dal Re.

Nobile Carlo Andrea Brentano di Cimaroli (1662–1710). Zeitgenössisches Ölgemälde.

gimes stellten die Brentanos spätestens im 17. Jahrhundert vor schwierige Existenzfragen, die in der näheren und weiteren Umgebung des Comer Sees nicht mehr zu lösen waren. Auch verliefen die bedeutenden Handelsstraßen längst nicht mehr durch diese Region, und gerade vom Güterverkehr und von den an ihn gebundenen Geschäftsbeziehungen hatten sich zahlreiche Angehörige der Familie seit Generationen vornehmlich ernährt. Was lag näher, als das Heil im Ausland und in Existenzgründungen jenseits der Alpen zu suchen? Die Stämme der schon jetzt reich verzweigten Dynastie begannen sich über Europa auszubreiten. Bald gab es Anverwandte der Brentano-Vicario und der Brentano-Mezzegra in den eidgenössischen Kantonen, der Buzzettolo in der Freien Reichsstadt Nürnberg und der Scalino in Sachsen, der del Tonà in Heidelberg und Bruchsal, der Somenza in Straßburg und der Ferrarolo am Bodensee. Oft erschienen ihre Abgesandten nur mit dem Ranzen der ambulanten Handelsleute auf Messen und Märkten, wo sie für immer untertauchten. Einige wußten sich auch in den glänzenden Bürgerhäusern der städtischen Patriziate einzurichten, statteten sie großzügig aus, wurden Sammler, Mäzene und kommunale Würdenträger, ohne darüber das Land ihres Herkommens zu vergessen. Besonders in den ersten hundert Jahren ihrer auswärtigen Aktivitäten kehrten sie, alt und wohlhabend geworden, in die Tremezzina zurück, um unter der heimischen Sonne zu sterben. Für die Nachkommen verblaßte die italienische Herkunft dann zur fernen Sage, wie schon die ghibellinischen Ahnen mehr Sagengestalten als historisch faßbare Individualitäten gewesen waren. Später ließen die Brentanos sogar die Grenzen der Alten Welt hinter sich, um in Nordamerika und Australien ihr Glück zu finden.

Doch nicht nur Handel und Wandel machten sie zu ihrem Lebensberuf, obwohl sie mit dieser Sphäre von Hause aus am engsten verbunden blieben. Einige Brentanos vertauschten das Kontorbuch mit dem Degen und traten als Offiziere in des Kaisers Dienste. Als in den frühen Morgenstunden des 12. September 1683 die Reichstruppen unter dem Oberbefehl des Polenkönigs Johann Sobieski vom Wiener Kahlenberg her in die Tiefe stürmten, um die Stadt von den türkischen Belagerern zu befreien, focht mitten im Getümmel der einundzwanzigjährige Kornett Carlo Andrea Brentano di Cimaroli aus Bonzanigo, der schließlich, protegiert vom Prinzen Eugen, zum Kriegskommissar von Ungarn und Obersten Kriegskommissar in der Lombardei aufstieg. Der dankbare Kaiser Leopold I. erhob ihn in den ungarischen Adelsstand und erkannte expressis verbis den Uradel der Brentanos an. Carlos Neffe, der wieder in die traditionellen Bahnen der Familie zurückkehrte, übernahm die Großhandelsfirma Brentano-Cimaroli und besaß ein Palais in der Wiener Bräunerstraße, unweit von Graben und Hofburg.

Siegreiche Eroberung des Türkischen Lager bei Dubiza in Bosnien den 9ten August im Jahr 1788.

Joseph Anton Freiherr von Brentano di Cimaroli (1719–1764), Kaiserlicher Feldmarschall-Leutnant im Siebenjährigen Krieg. Zeitgenössisches Ölgemälde (links).

Anton Joseph Freiherr von Brentano di Cimaroli (1741–1793), Kaiserlicher General. Zeitgenössisches Ölgemälde (rechts).

Erstürmung des türkischen Lagers bei Dubizza am 9. August 1788: General Freiherr von Brentano «ersteigt am ersten die Hauptbatterie». Stich von J. Martin (unten).

Die Herren der Wiener Hofburg bestimmten auch die Schicksale der nächsten Cimaroli. Giuseppe Antonio, geboren ebenfalls noch in Bonzanigo, wurde als Josef Anton Freiherr von Brentano di Cimaroli einer der fähigsten Generale Maria Theresias. Bei Kolin kommandierte er die Infanterie auf dem linken Flügel, bei Leuthen geriet er in Gefangenschaft, um sogleich wieder ausgetauscht zu werden, bei Domstädtl warf er fünf Attacken des legendären Generals von Zieten zurück, bei Hochkirch dirigierte er an der Spitze seiner Kroaten den Hauptangriff, in der Nähe des sächsischen Dorfes Maxen war er entscheidend an der Gefangennahme des preußischen Generals Finck sowie neun weiterer Generale, 14 000 Mann und 66 Kanonen beteiligt. Nach dem geglückten «Finckenfang bei Maxen» schrieb Feldmarschall Graf Daun, der österreichische Oberbefehlshaber, nach Wien: «Wen Euere Majestät besonders zu Gnaden anrekommandieren muß, ist Brentano, der auch in dieser Sach' viel beigetragen hat und überhaupt dermalen einer von Ew. Majestät besten Generalen ist.» Die Kaiserin wußte das längst und zeichnete Brentano mit einem Handschreiben aus, das sie mit den Worten beschloß: «Seid anbei versichert, daß Euch und Euren Truppen mit Kaiserlicher und Königlicher auch landesfürstlicher Huld jederzeit wohlgewogen verbleibe / Schönbrunn, 14. Juli 1762 / Maria Theresia.»

Nach dem Ende des Siebenjährigen Krieges heftete ihm Kaiser Franz I. persönlich das Großkreuz des Maria-Theresien-Ordens an die Brust und erhob Brentano in den Rang eines Feldmarschalls. Der hochdekorierte Kommandeur starb 1764, noch nicht einmal fünfundvierzigjährig, an den Folgen der durchstandenen Kriegsstrapazen im kroatischen Karlstadt. Kein anderer als Friedrich der Große, sein militärischer Widerpart in mancher Schlacht, erhielt dem Toten ein respektvolles Andenken, wie er dem Fürsten de

Ligne versicherte: «. . . der König zeigte viel Achtung für den Feldmarschall Daun und legte dem General Brentano viel Lob bey.»

Sein Neffe, Antonio Giuseppe Brentano di Cimaroli, tat es ihm gleich und zog mit fünfzehn Jahren des Kaisers Rock an. Im Siebenjährigen Krieg fiel der Jüngling durch seine Tapferkeit auf, im unblutig verlaufenen Bayerischen Erbfolgekrieg zwanzig Jahre später diente er als Obrist, im neuen russisch-österreichischen Feldzug gegen die Türken avancierte er zum General. Am 9. August 1788 stürmte Brentano an der Spitze seines Warasdiner Regiments bei Dubizza die feindliche Hauptbatterie, kurz darauf wurde ihm im Graben vor der Grenzfestung Novi ein Bein zusammengeschossen. Noch nicht völlig wiederhergestellt, fiel ihm beim Sturm auf Belgrad eine Schlüsselrolle zu. Der schon vom Tod gezeichnete Reformkaiser Joseph II. beschied den General nach Wien, um ihm das Ritterkreuz des Maria-Theresien-Ordens zu verleihen. Brentano kam gerade zurecht, um zusammen mit einigen Kameraden den schlichten Kupfersarg des verstorbenen Herrschers von der Hofburg in die Kapuzinergruft zu tragen. Erst Leopold II., der neue Kaiser, legte ihm die Schärpe mit dem Ordenskreuz um.

Er laborierte noch an der bei Novi erlittenen schweren Verwundung, als die verbündeten österreichischen und preußischen Armeen gegen das revolutionäre Frankreich marschierten. Das Desaster, das die schlecht bewaffneten Sansculotten den Alliierten bei Valmy bereiteten, bedrohte unmittelbar Rhein und Mosel. Brentano wurde zum Kommandanten der nahezu unbefestigten Stadt Trier ernannt, die dem Feind schutzlos preisgegeben schien. Fieberhaft ließ er die vorgelagerten Ortschaften in Verteidigungsstellungen verwandeln, mit denen er und seine kleine Streitmacht erfolgreich den Angriffen der Franzosen trotzte, während der sachsen-weimarische Staatsminister von Goethe, der in der Suite des Herzogs Carl August an der Kampagne teilnahm, mit den Resten des römischen Amphitheaters beschäftigt war. Die geglückte Verteidigung von Trier war eines der wenigen gloriosen Ereignisse dieses für die Verbündeten sonst so schmählichen Feldzuges. Brentano wurde enthusiastisch bejubelt und vom Prinzen von Coburg für die Ernennung zum Feldmarschall-Leutnant vorgeschlagen. Aber die Ehrung kam zu spät: die nie ganz verheilte Wunde aus den Balkankämpfen brach wieder auf und warf den General auf sein letztes Krankenlager, das er im Hause seines Verwandten Peter Anton Brentano in der Frankfurter Großen Sandgasse fand. Dort starb er am 20. Januar 1793, erst zweiundfünfzigjährig, in Gegenwart der schönen Maximiliane, der Gattin seines Gastgebers. Deren Tochter Bettine hat anderthalb Jahrzehnte danach, in «Goethes Briefwechsel mit einem Kinde», den sterbenden General von Brentano di Cimaroli mit dem chevaleresken Glanz eines Weltmannes aus dem Rokoko umgeben. Bettine beschrieb der weimarischen Exzellenz die rührende Begebenheit folgendermaßen, wobei sie sich wie stets von ihrem Sinn für pointiert vorgetragene Anekdoten leiten ließ:

«. . . Deine Mutter hat mir erzählt, wie Du sie [Maximiliane] zum letztenmal gesehen, daß Du die Hände zusammenschlugst über ihre Schönheit, das war ein Jahr vor ihrem Tod; da lag der General Brentano in unserm Haus an schweren Wunden; die Mutter pflegte ihn, und er hatte sie so lieb, daß sie ihn nicht verlassen durfte. Sie spielte Schach mit ihm, er sagte: ‹Matt!›, und sank zurück ins Bett; sie ließ mich holen, weil er nach den Kindern verlangt hatte – ich trat mit ihr ans Bett – da lag er blaß und still; die Mutter rief ihm: ‹Mein General!› Da öffnete er die Augen, reichte ihr lächelnd die Hand und sagte: ‹Meine Königin!› – Und so

war er gestorben. – Ich seh die Mutter noch wie im Traum, daß sie vor dem Bett steht, die Hand dieses erblaßten Helden festhält und ihre Tränen leise aus den großen schwarzen Augen über ihr stilles Antlitz rollen.»

Während sich langsam der Vorhang über diesem Familiengemälde senkte, bei dem Angehörige zweier Linien der Dynastie, der Cimaroli und der Tremezzo, einander die Hände reichten, führten die Brentanos an vielen Stellen des Kontinents den Kampf um ihren sozialen Aufstieg. Er war oft nicht leichter zu gewinnen als eine Schlacht, und keineswegs immer hat sich dabei die innerfamiliäre Solidarität bewährt. So verweigerte der begüterte Frankfurter Kaufmann Giuseppe Brentano-Toccia seiner bedürftigen Nichte Margarita ihre Mitgift von 2000 Lire. In den Niederungen des täglichen Handels mit Zitronen und Muskatnüssen, Manna und Safran, Tabak, Perlen und Korallen tobte der Konkurrenzkampf. Manche Mitglieder der Familie wurden zu Finanziers des Handels mit «Genueser Waren», die man so nannte, da einige Brentanos über den Hafen von Genua die begehrten Südfrüchte und Spezereien bezogen, oft gegen Kredit verkauften und mit solchen Praktiken die Kleinhändler an sich fesselten. Andere Verwandte traten als Juristen, Ärzte und Professoren hervor, wiederum andere kamen nicht über ein subalternes Dasein als Hausknecht oder Kammerdiener hinaus. Die markanteste Begabung der Familie lag aber auf dem weiten Feld des Handels, ob die Brentanos nun gutsituierte Bankiers oder kleine Krämer waren.

Auch künstlerische und namentlich literarische Talente begannen sich in der Familie zu regen. Der Benediktinerpater Ignatius Brentano, Konventuale im Kloster Banz, verfaßte eine mehrbändige Weltgeschichte in lateinischer Sprache. Besonders die Brentanos, die seit dem Ende des 17. Jahrhunderts im schweizerischen Rapperswil am Zürichsee lebten, schenkten dem katholischen deutschsprachigen Schrifttum mehrere schätzenswerte Autoren. Am bekanntesten von ihnen wurde Marianne Brentano, deren Wirken bereits in die Goethezeit fällt. Ihr Lebenslauf, der eine genauere Biographie verdiente, enthält alle Risiken und Bedrängnisse, denen eine auf Selbständigkeit und Integrität bedachte Frau noch in der Epoche der Aufklärung ausgesetzt war – gerade dann, wenn sie mit der Feder in der Hand ihr Dasein zu meistern suchte.

Marianne kam 1755 als Tochter des Kaufmanns Franz Xaver Brentano in Rapperswil zur Welt. Nach dem Tod der Eltern wurde sie im Haus ihres Onkels Dominikus erzogen, trat dann eine Gouvernantenstelle an, die sie wieder aufgab. Die Ehe mit einem Mann, der ihre Aussteuer verpraßte, scheiterte, woraufhin die junge Frau unter dem angenommenen Namen «Sternheim» am Straßburger Theater auftrat. Inwieweit bei der Wahl dieses Pseudonyms der Erfolgsroman «Geschichte des Fräuleins von Sternheim» der Sophie von La Roche, die später zu den Brentanos in ganz besondere Beziehungen trat, eine Rolle spielte, bleibt ungewiß, ist aber zu vermuten. Wie die La Roche wurde auch Marianne Brentano bald durch literarische Produktionen bekannt: ihre bewegten Schicksale verarbeitete sie in dem Roman «Amalie, eine wahre Geschichte in Briefen», einige ihrer Schauspiele fanden den Weg auf die Bühnen und erschienen in Buchform. Andere Schriften, darunter eine «Philosophie des Weibes», ermöglichten ihr sowohl den dringend notwendigen Gelderwerb als auch die künstlerische Gestaltung der Konflikte, die sie bedrückten. Äußere und innere Ruhe fand sie erst nach der Heirat mit dem Rechtsgelehrten und Geographen Theophil Friedrich Ehrmann. Sie starb, kaum vierzigjährig, 1795 in Stuttgart, und hinterließ ein Werk, mit dem sie «Teutschlands und Helvetiens Töchter» zu einem Leben in Glaubensgewiß-

heit, Biedersinn und aufklärerischem Geist ermuntern wollte.

Um die gleiche Zeit gingen aus der Familie einige andere Persönlichkeiten hervor, die den Namen Brentano für immer ins Buch der deutschen Literatur eintragen sollten. Sie kamen aus einem anderen Zweig dieser Sippe, aus der Linie Brentano di Tremezzo, und sie sind es, um deretwillen wir hier überhaupt die Geschichte der Brentanos erzählen. Die ferne und immer mehr ins Reich der Legende aufsteigende Erinnerung an die italienische Herkunft, ihre auf grenzüberschreitenden Handel gerichteten Bestrebungen, kurz: ihr Mittlertum, auch ihre Phantasie, Risikobereitschaft und urbane Lebensart, ihre Großzügigkeit und weltläufige Religiosität, gelegentlich ihr Ungenügen an engen Schranken und Zwängen, nicht zuletzt ihr europäisches Traditionsbewußtsein – dies alles war in sehr unterschiedlichen und manchmal gegenläufigen Gewichtungen bei den Nachkommen lebendig, die auf den 1651 in Tremezzo geborenen Handelsherrn Domenico Brentano folgten.

Von seinem Vater Stefano hatte er einst 2816 Gulden geerbt. Als er starb, hinterließ er ein Privatvermögen von 116 000 Gulden, dazu Häuser und Güter in der heimischen Tremezzina, besonders aber die Frankfurter Handelsfirma, die zunächst in den Gewölben, Kammern und Kellern des «Nürnberger Hofs» ein verwinkeltes Domizil erhielt. Domenico war es, der den Brentanos den Weg vom Comer See an den Main bahnte. Zwischen 1676 und 1680 hielt er sich zum ersten Male in Frankfurt auf, 1698 verlegte er sein kaufmännisches Unternehmen endgültig dorthin.

Die italienischen Handelsleute hatten es nicht leicht in der alten Reichsstadt, wo man sie als unerwünschte Konkurrenten ansah. Sie mußten, fast wie die Juden, hohe Schutzgelder an das Inquisitionsamt entrichten. Grundsätzlich durften nicht mehr als sieben italienische Firmen in den Mauern der Stadt bestehen. 1692 zeigten die alteingesessenen Frankfurter Kaufleute ihre italienischen Rivalen beim Rat förmlich an: «Sie haben ihre Handlungen fast mit nichts angefangen, lassen sich aber anjetzo nicht mit großen Summen Geldts aufkaufen, schicken ihren meisten Reichtum zu den Ihrigen nach Italien, bauen allda große Paläste und kaufen sich Landgüter.»

Solche Klagen konnten den Aufstieg von Domenico Brentanos Handelshaus freilich nicht aufhalten, dessen Organisation selbst von den Konkurrenten mehrfach nachgeahmt wurde. Filialen in Mainz, Bingen und Rüdesheim legten ein beredtes Zeugnis ab vom unternehmerischen Geist des Chefs, seiner Söhne und Associés. Eine Schrift, die Ende des 18. Jahrhunderts anläßlich eines Rechtsstreits beim Reichskammergericht vorgelegt wurde, schildert die Anfänge der Firma aus der Sicht der letzten Augenzeugen: «Die älteste annoch vorhandene Urkunde dieser gesellschaftlichen Verbindung ist vom Jahre 1703. Sie bezieht sich auf einen vorhergegangenen Contract und besaget, daß diese Gesellschaft den 15. November gedachten Jahres anfangen und drei bis vier Jahre dauern solle, je nachdem solches von den Ältesten der Compagnie für gut erkannt werden würde. Dieser Vertrag, desgleichen die beiden darauf folgenden, wodurch diese Gesellschaft in den Jahren 1708 und 1712 erneuert wurde, sind sowohl wegen der trefflichen Grundsätze, auf welchen sie beruheten, als wegen ihrer Übereinstimmung unter sich lesenswürdig. Geschicklichkeit, Tätigkeit wurden geschätzt und belohnt, Müßiggang und Trägheit verachtet. Glückliches Verhältniß, wo Fleiß und Wirksamkeit höher als Reichthum geachtet werden und der Maasstab der Belohnung sind. Die nach gänzlicher Erlöschung dieses Handlungskörpers im Jahre 1718 entstandene Handlungsgesellschaft fand die Contracte ihrer Vorgängerin so vortrefflich, daß sie dieselben zum Muster bei der Verfertigung der ihrigen brauchte . . .»

Noch immer gingen die Brentanos fast alljährlich für einige Monate zurück an den Comer See, um Ehefrau, Kinder und Verwandte wiederzusehen; zur Messezeit waren sie aber wieder in Frankfurt. Die letzten Jahre seines erfolgreichen Lebens verbrachte Domenico ganz in Tremezzo, die weiteren Geschicke seiner deutschen Unternehmungen den tüchtigen Söhnen überlassend. Er hatte noch die Genugtuung, daß ihm die Frankfurter nach einer kaiserlichen Intervention die Stadtrechte einräumen mußten. Er starb am 15. April 1723 im heimatlichen Tremezzo, wo er in der Kirche an der Seite seiner Frau bestattet wurde. Damals erwarteten einige seiner Angehörigen schon in deutschen Gotteshäusern die Auferstehung von den Toten.

Immerhin schloß sich ein Kreis, als Domenico Brentano die letzte Ruhe in der Erde fand, von der er einst ausgegangen war. Die Kreise, die er nördlich der Alpen gezogen hatte, setzten Kinder, Enkel und Urenkel fort, und sie gingen dabei weit über die Grenzen hinaus, in denen das Frankfurter Handelshaus «Domenico Brentano e figli» sein Genügen fand. Oft werden Wege, wie sie die Familie vom Comer See an den Main einschlug, erst nach Generationen als sinnvolle Kreise sichtbar – trotz aller Umwege und Fluchtwege, die mancher Nachgeborene später gegangen sein mag. In einigen Fällen sollten es Kundschafterpfade in ganz andere und neue Sphären der menschlichen Selbstverwirklichung sein, von denen sich der rechtschaffene Handelsherr Domenico in seinem Kontor nichts träumen ließ.

Als der deutsche Professor Lujo Brentano, mit dem wir unsere Erzählung begonnen haben, zu Beginn des 20. Jahrhunderts am Ufer des Comer Sees stand, hat er in der klaren Luft einer weiten Rückschau davon einen Hauch verspürt.

Romantische Verherrlichung deutscher Italiensehnsucht: Italia und Germania. Ölgemälde von Friedrich Overbeck, entstanden zwischen 1811 und 1828.

1. Kapitel: Zwei Familien

Magnaten und Mäzene

Die Brentanos saßen nun fest in Frankfurt, seit anno 1698 der Handelsherr Domenico sein Unternehmen dorthin verlegt hatte. Gleichwohl schwankte er, der Patriarch vom Comer See, stets zwischen der alten und der neuen Heimat. Den Lebensberuf und mit ihm die wirtschaftliche Existenz hatte er für sich und die Nachkommen am Main gegründet, aber er starb in der vertrauten Lombardei, die 1707 habsburgisch geworden war und damit zum römisch-deutschen Reichsverband gehörte. Oberster weltlicher Herr der Brentanos war jetzt der Kaiser zu Wien – ganz gleich, ob sie am Comer See privatisierten oder am Main ihren Geschäften nachgingen. Und wie das Regiment der österreichischen Habsburger von Joseph I. bis zum Tode Maria Theresias für die Lombardei eine Blütezeit werden sollte, so gedieh unter ihrem milden Szepter auch die Sippe der Kaufleute aus Tremezzo. Daß sie fortan in der Freien Reichsstadt Frankfurt und nicht in einem der zahllosen deutschen Territorialstaaten wirkten, hat sie mit einem ganz unmittelbaren und ungebrochenen Verhältnis zur zentralen Reichsgewalt ausgestattet, von der sie sich mehrfach ihren alten Adel bestätigen ließen. Italiener waren sie durch ihr Herkommen, Deutsche durch den Ort ihrer beruflichen Ambitionen und bald auch durch ihre kulturellen Bestrebungen. Als Bewohner des oft verlästerten alten Reiches konnten sie südlich und nördlich der Alpen gute Europäer sein mit einem Traditionsbewußtsein, das in langen Jahrhunderten gewachsen und gereift war.

Domenico Martino Brentano, des Firmengründers Domenico zweitgeborener Sohn, kam 1686 in Tremezzo zur Welt. Seine Frau Maria Elisabetta, wieder einmal eine geborene Brentano, starb dort sechsunddreißigjährig und fand in der Kirche S. Lorenzo ihre letzte Ruhestätte. Die Kinder, die sie ihrem Mann schenkte, sind alle noch am Comer See geboren, aber der neue Wirkungskreis der Familie in Deutschland entfaltete jetzt immer nachdrücklicher seine magnetische Anziehungskraft.

Die Aktiva des Frankfurter Unternehmens betrugen im Jahre 1718 mehr als 172 000 Gulden, 1749 beliefen sie sich auf fast das Doppelte. Domenico Martino, der mit seinen Brüdern die Handelsgesellschaft betrieb, errichtete Filialen in Bingen, Mainz und vor allem in Amsterdam, wo er bei der Ost- und Westindischen Compagnie die Waren auch für andere Handelshäuser kaufte. Zwischen 1746 und 1753 erwarb er in Amsterdam für etwa eine Million Gulden die unterschiedlichsten Güter, die er mit beträchtlichen Gewinnen wieder veräußerte. Als er 1755 starb, war das von ihm mit glücklicher und strenger Hand gelenkte Geschäft zu einer Firma von internationaler Geltung aufgestiegen. Er hat die Intentionen der Familie für alle Zukunft von Italien nach Deutschland verlagert, was bei seinem Tode in einem Vorgang von symbolischer Bedeutung zum Ausdruck kam: der in Tremezzo geborene Domenico Martino Brentano wurde am Josephsaltar in der Karmeliterkirche zu Frankfurt bestattet.

Daß Kaufmanns-Fortüne bereits im 18. Jahrhundert oft nur die Kehrseite von Rigorosität und strengem Ordnungssinn war, hatte freilich auch Domenico Martino seinen Verwandten vorexerzieren müssen. Wenn sie lässig, eigensinnig oder nur wenig kapitalkräftig waren, trennte er sich von ihnen und ließ sie auf eigene Rechnung arbeiten, was ihnen meistens schlecht bekam. Sein älterer Bruder Stefano, dessen Hang zur Selbständigkeit mit einem vergleichsweise geringen Vermögen einherging, wirtschaftete ohne Domenico Martinos umsichtige Regie so

Frankfurt am Main: Das Mainufer am Fahrtor mit Blick auf die Alte Brücke und Sachsenhausen. Gemälde von Friedrich Wilhelm Hirt, 1757.

Zeugnisse des Geschäftssinnes Frankfurter Kaufleute: links Preisliste vom 20. März 1781, rechts Wechselkurstabelle vom 29. Januar 1791. Kupferstiche, handschriftlich ausgefüllt mit Feder und Tinte.

schlecht, daß nach seinem Tod den Aktiva in Höhe von über 11 000 Gulden mehr als 63 000 Gulden Passiva gegenüberstanden. Die von ihm hinterlassenen Waren wurden von den Gläubigern gepfändet, die dann von dem pensionierten Frankfurter Superintendenten Dietz und dem französischen Residenten Barozzi abgefunden werden mußten. Die saturierten Angehörigen der Brentano-Dynastie wollten mit dem Skandal nichts zu tun haben.

Dennoch geschah es, daß der glückliche Domenico Martino und der glücklose Stefano gemeinsam vor die Schranken des Gerichts gezogen wurden: von ihrem Verwandten Domenico Antonio Brentano, der früher die Mainzer Filiale geleitet hatte und nun behauptete, seine beiden Oheime würden die Herausgabe des ihm zustehenden großväterlichen Erbes in Höhe von 100 000 Gulden verweigern. Ein Schiedsgericht, das der Brentanosche Gesellschaftsvertrag für solche Fälle vorschrieb, entschied immerhin zu Gunsten des geprellten Neffen, ebenso das Frankfurter Schöffengericht und ein Gutachten der Universität Tübingen. Aber Domenico Martino dachte nicht daran, den Gerichtsspruch zu erfüllen, auch nicht Bruder Stefano, der ohnehin kaum dazu in der Lage gewesen wäre. So riefen die beiden Verurteilten das Reichskammergericht zu Wetzlar an, bei dem der Prozeß ein halbes Jahrhundert lang auf der Stelle trat. Ein Revisor namens Bachmeyer ging in zehn Jahren alle Geschäftsbücher seit 1703 durch und berechnete für 1465 Sitzungen 5860 Gulden, vier Gulden pro Sitzung. Als dann noch immer keine Klärung möglich war, wurde eigens zu diesem Zweck eine kaiserliche Kommission berufen, die vom August 1799 bis Februar 1800 tagte und anschließend eine Rechnung in Höhe von 2311 Gulden und 36 Kreuzern ausfertigte. Alle beteiligten Kontrahenten waren indessen längst gestorben, zuletzt auch der Kläger Domenico Antonio, der verarmt und ver-

bittert in Frankfurt das Zeitliche segnete. Erst als das Ende des alten Reiches und mit ihm das Ende des Reichskammergerichts in Sicht kam, begann man sich zu beeilen. Die Tragikomödie dieses Zwists im Hause Brentano wurde 1802 mit einem Vergleich bereinigt. Wenigstens hat der Prozeß fast ein Jahrhundert Brentanoscher Firmengeschichte, zu Nutz und Frommen der Genealogen und Wirtschaftshistoriker, in umfangreichen Aktenfaszikeln detailreich abgelagert.

Inzwischen waren Angehörige von mehreren Linien der Familie diesseits und jenseits der Fronten geschäftig, die Europa im Frieden und im Krieg zerrissen. Ein Giovanni Pietro Brentano aus der Linie Monticelli wurde von Maria Theresia in den Stand eines Mailänder Grafen erhoben, brachte es außerdem zum Gouverneur von Como und zum kaiserlichen Statthalter der Lombardei. Daneben pflegte er die alten merkantilen Traditionen seiner Sippe, denn er unterhielt Handelshäuser in Genua, Nürnberg und Günzburg. Ein Franz Xaver Brentano aus der Linie Tremezzo fungierte 1745 bei der Kaiserwahl Franz' I. zu Frankfurt als Protokollant im kurfürstlichen Wahlkollegium, was er mit Bravour erledigt haben muß, da er im gleichen Jahr als «Herr von Brentheim» in den Reichsadel aufgenommen wurde. Er avancierte weiter zum kurpfalz-bayerischen Wirklichen Geheimrat und endlich zum Gesandten beim Regensburger Reichstag.

Dessen Sohn, der Reichsfreiherr Georg Anton Josef von Brentano zu Brentheim, griff auf ungewöhnliche Weise in die Welthändel ein. Er trat in französische Kriegsdienste und kämpfte an der Seite der Türken gegen die Russen. Dann wurde er nach Nordamerika verschlagen, wo er im Unabhängigkeitskrieg gegen die Engländer focht. Wieder in Europa, ernannte ihn der Pariser Hof zum Mitglied einer französischen Militärdelegation, die nach Konstantinopel

entsandt wurde, um der Hohen Pforte im Krieg gegen Rußland und Österreich beizustehen. Er kümmerte sich um die
Modernisierung der türkischen Fortifikationen und der
osmanischen Infanterie. Im neuerlichen Türkenkrieg, der
1787 ausbrach, standen nun Brentanos auf beiden Seiten
der Front: während seinem Verwandten, dem kaiserlichen
Obristen Antonio Giuseppe Brentano di Cimaroli, bei der
Grenzfestung Novi von einer türkischen Granate das Bein
zerschmettert wurde, galt Georg Anton Josef von Brentano
zu Brentheim aus dem Hause Tremezzo beinahe als geheim-
mer ottomanischer Kriegsminister! Daß er noch einmal
den Dienstherrn wechselte und von nun an seinen Sold
vom schwedischen König Gustav III. erhielt, änderte seine
Mission nicht. Da Schweden im Krieg mit Rußland stand,
blieb Brentano in Konstantinopel, um den Konflikt der
Türken mit den Moskowitern zu schüren. Erst der Frieden
machte ihn dort entbehrlich. Der gute Katholik, der reihum
dem Allerchristlichsten König von Frankreich, den nord-
amerikanischen Rebellen, dem heidnischen Sultan und
dem schwedisch-lutherischen Ketzerkönig seinen Degen
geliehen hatte, kehrte heim nach Regensburg und starb
hier, erst zweiundfünfzigjährig, im Jahre 1798.

Der abenteuerliche Offiziers-Söldling entstammte der
Linie Brentano-Tremezzo, deren Domäne sonst eher das
Handelskontor als das Schlachtfeld war. Die erfolgreich-
sten Protagonisten von ihnen, wie etwa Domenico Martino
Brentano, waren Magnaten geworden, deren Ansprüche
und Neigungen bald weit über die Grenzen hinausreichten,
die Handel und Gewerbe zogen. Die Magnaten wurden
Mäzene und griffen selbstbewußt in eine Sphäre ein, die
den Brentanos fortan bedeutende Anregungen verdanken
sollte: in die Bezirke von Kunst und Kultur. Einer der ersten, die diesen Hang mit einem wahren Sendungsbe-
wußtsein zu ihrer Sache machten, war der steinreiche Han-

delsherr Joseph Augustin Brentano di Tremezzo, der 1753
in Amsterdam zur Welt kam.

Dort wurde er den bildenden Künstlern als Gönner
und Wohltäter unentbehrlich, er sammelte Kupferstiche,
Zeichnungen und Plastiken sowie kostbare Bücher, die er
zu einer berühmten Bibliothek vereinte. Seinen ganzen
Enthusiasmus und einen beträchtlichen Teil seines Vermö-
gens investierte er in eine Bildergalerie, die mehrfach kata-
logisiert worden ist. Er trug vor allem Gemälde flämischer,
holländischer und italienischer Meister zusammen: darunter nicht weniger als fünf Bilder von Adriaen von Ostade, vier von Jan Steen, ebenfalls vier von Frans Hals, darunter der berühmte «Narr», der später ins Rijksmuseum
Amsterdam gelangte; nicht zu vergessen Gemälde von
Rembrandt, Rubens und Anthonis van Dyck. Besondere
Glanzstücke unter den Italienern waren fünf Bilder von
Tizian und drei von Raffael.

Ein zeitgenössisches Porträt zeigt den Kunstliebhaber
inmitten seiner Schätze, auf einem Empirestuhl sitzend,
die rechte Hand gleichermaßen schützend und besitzer-
greifend auf ein italienisches Madonnenbild gelegt, den
linken Arm stolz in die Hüfte gestemmt. Neben ihm sind
opulent gebundene Folianten aufgereiht, hinter ihm be-
decken dichtgedrängt Gemälde die Wand bis hinauf zum
Plafond. Einige Schaulustige stehen bewundernd davor,
während drei Herren interessiert in Büchern und Papieren
blättern, bei denen nicht erkennbar ist, ob es sich um
Geschäftsjournale oder um bibliophile Prachtexemplare
handelt. Beide Welten, der Kaufmannsgeist und die Kunst-
kennerschaft, begegnen einander im Brentanoschen Familienwappen, das ganz rechts im Vordergrund nicht zu übersehen ist. Die Sammlungen befanden sich in einem Palais,
das im Louis-seize-Stil errichtet war, wo Brentano auch
seine Geschäftspartner empfing. Er vermachte es bei sei-

Joseph Augustin Brentano aus dem Hause Tremezzo, genannt «Mäcenas von Amsterdam» (1753–1821), inmitten seiner Schätze. Zeitgenössisches Gemälde.

nem Tod im Jahr 1821 mitsamt seinem riesigen Vermögen der Stadt mit der Bestimmung, eine Armenstiftung zu begründen. Als «Mäcenas von Amsterdam» ist er den dankbaren Mitbürgern in Erinnerung geblieben.

Als der Magnat und Mäzen in Amsterdam starb, hatten seine Verwandten, die ebenfalls aus der Linie Brentano-Tremezzo kamen, bereits schöpferisch in die deutsche Literatur eingegriffen: der Name Brentano trat seine Runden an durch die Salons der Gebildeten. Unmittelbar bevor dies geschah, verbanden sich die Frankfurter Brentanos mit einer anderen Familie, durch die sie den Anschluß an die deutsche Kultur gewannen. Waren, wie der französische Literarhistoriker Robert Minder vermutet, durch diese Vereinigung zweier Familien «Chromosome besonderer Art ins Spiel gekommen»? Wichtiger ist wohl eine andere Anmerkung, mit der ebenfalls Robert Minder den Vorgang kommentiert, der den Brentanos eine ganz neue Welt eröffnen sollte: «Der biologische Weg läßt sich im Einzelnen nicht mehr verfolgen; bei jeder Ehe ist neues Blut eingeströmt. Feststellbar bleibt über alles rein Physiologische hinaus die gemeinsame psychische Einstellung: der Sinn für die Besonderheit, ja Auserwähltheit der Familie.»

Es war für den künftigen Rang der Dynastie ein Schicksalstag, als am 9. Januar 1774 in der Schloßkapelle zu Ehrenbreitstein bei Koblenz der reiche Frankfurter Handelsherr Peter Anton Brentano mit der achtzehnjährigen Maximiliane von La Roche den Bund der Ehe einging. Sie war die Tochter des kurtrierischen Staatsrates Georg Michael Anton von La Roche und seiner Gattin Sophie, die eben als Schriftstellerin Furore machte. Die Geschichte der beiden La Roches haben wir jetzt zu erzählen, denn wenn je bei den Brentanos «Chromosome besonderer Art ins Spiel» gekommen sind, so hatten sie diese Bereicherung dem rheinischen Staatsmann und seiner Ehefrau zu verdanken.

Georg Michael Anton von La Roche, Kurtrierischer Staatsrat und Regierungskanzler (1720–1788). Unbezeichnetes Pastellgemälde.

«Alles aus Liebe, sonst geht die Welt unter» – Die La Roches

Herkunft und Kindheit Georg Michael Anton von La Roches sind von Anekdoten umrankt, die den Zeitgenossen offenbar recht einleuchtend vorkamen. Eine dieser Geschichten berichtet, der Knabe sei der natürliche Sohn des Reichsgrafen Anton Heinrich Friedrich von Stadion gewesen, der als Minister im Dienst des Kurfürsten und Erzbischofs von Mainz stand. Der Graf, der ein rechter Rokoko-Libertin war, habe dem Kind den Familiennamen der Mutter gegeben, die aus der Familie La Roche in Metz stammte. Andere Erzähler, wie etwa Christoph Martin Wieland, haben überliefert, «der drollige fünfjährige Junge» sei in Tauberbischofsheim, wo Stadion residierte, bei Nacht und Kälte «aufs Schloß spaziert, wo er durchaus zum Grafen gelassen zu werden verlangte». Tatsächlich sei der kleine Michel «ganz erstarrt und blau vor Frost» bis zum Bett des Grafen vorgedrungen: «Sogleich hob er ihn zu sich ins Bett und legte ihn zwischen sich und seine Gemahlin, wo er ihn wieder erwärmte und erquickte. Noch am selben Tage setzte der Graf der Mutter des Jungen so lange zu, bis sie endlich einwilligte, ihm das Kind ganz zu überlassen, und trat Stadion selbst in Vaterstelle, lehrte den Jungen selbst die Elemente aller Dinge: Lesen, Schreiben, Französisch.» Wieland könnte die Geschichte aus La Roches eigenem Mund gehört haben.

Jedenfalls ist La Roche wohl lebenslang der Überzeugung gewesen, daß Stadion sein Vater war, als dessen vertraulicher Sekretär und intimster Mitarbeiter er sich die Hohe Schule höfischer Kabinettspolitik anzueignen wußte. Bettine Brentano, seine berühmte Enkelin, hat in ihrem Buch «Die Günderode» des Großvaters erste Gehversuche auf dem Parkett des Ancien régime detailfreudig geschildert und sicher auch ein wenig ausgeschmückt.

Unter den Korrespondenzen, die der anstellige junge Mann im Auftrag des Grafen Stadion erledigen mußte, waren merkwürdige, ja heikle Schriftstücke:

«. . . ein Briefwechsel mit Karl von Lothringen, mit dem Kardinal Fleury, mit dem österreichischen Feldherrn Fürsten Lobkowitz, dann endlich ein Briefwechsel mit der Marquise de Pompadour, immer im Interesse der Kaiserin, diese letzte Korrespondenz war erst ins Galante und endlich ganz ins Zärtliche übergegangen, es kamen Briefe mit Madrigalen als Antwort, worauf der Großpapa im Namen Stadions wieder in französischer Poesie antworten mußte, da habe der Großpapa manche Feder zerkaut, und der Stadion habe ihm gelehrt, die Politik mit einfließen zu lassen, und hat Anspielungen machen müssen auf Reize, auf blonde und braune Locken – und dem Stadion ist's häufig nicht zärtlich genug gewesen. Die Antworten sind dann vom Stadion ihm mitgeteilt worden, besonders wenn sie Empfindlichkeit für des Großpapas Galanterien hatten spüren lassen, da hat der Stadion so gelacht und ihn angewiesen, wie die feinste Delicatesse zu beobachten sei. – Und endlich einmal, als nach der Thronbesteigung der Maria Theresia und ihrer Krönung als Kaiserin die Gratulationen abgefertigt waren, an seinem einundzwanzigsten Geburtstage, da schenkte Stadion dem La Roche einen Schreibtisch, worin er alle seine Briefe, in drei Jahren geschrieben, die er über Land und Meer gegangen wähnte, noch versiegelt wiedergefunden, und die Antworten, welche von Stadion selbst erfunden waren und von verschiedenen Secretairen abgeschrieben, dazu, und er sagte ihm, daß er ihn so habe zum Staatsmann bilden wollen. Dies hat den Großpapa erst sehr bestürzt gemacht, dann aber ihn tief gerührt, und hat diese Briefe als ein heilig Merkmal von Stadions großem

Heldentod des Fähnrichs J. J. Gutermann, Sophie von La Roches Ahnherrn, in der Schlacht am St. Gotthard, 1664. Unbezeichnetes Ölgemälde.

liebevollem Geist sich aufbewahrt. Die Großmama hat diese Briefe noch alle und will mir sie schenken.»

Unter den Spezialitäten, die der fingerfertige Jüngling bei dem väterlichen Mentor lernte, waren freilich auch solche, die «nicht so allgemeinen Beifall finden» sollten, wie Goethe mit gelassenem Tadel im dreizehnten Buch von «Dichtung und Wahrheit» erzählt: «La Roche nämlich hatte sich üben müssen, die Hand seines Herrn und Meisters aufs genauste nachzuahmen, um ihn dadurch der Qual des Selbstschreibens zu überheben. Allein nicht nur in Geschäften sollte dieses Talent genutzt werden, auch in Liebeshändeln hatte der junge Mann die Stelle seines Lehrers zu vertreten. Der Graf war leidenschaftlich einer hohen und geistreichen Dame verbunden. Wenn er in deren Gesellschaft bis tief in die Nacht verweilte, saß indessen sein Sekretär zu Hause und schmiedete die heißesten Liebesbriefe; darunter wählte der Graf und sendete noch gleich zur Nachtzeit das Blatt an seine Geliebte, welche sich denn doch wohl daran von dem unverwüstlichen Feuer ihres leidenschaftlichen Anbeters überzeugen mußte. Dergleichen frühe Erfahrungen mochten denn freilich dem Jüngling nicht den besten Begriff von schriftlichen Liebesunterhaltungen gegeben haben.»

In England verschaffte sich La Roche den letzten Schliff auf dem Gebiet der kameralistischen Wissenschaft, dann trat er unter der schützenden Hand seines gräflichen Gönners in den kurmainzischen Dienst ein. Gewisse künstlerische Neigungen legte er schon damals an den Tag, als er dem jungen Maler Johann Heinrich Tischbein das Stipendium für eine Reise nach Italien und Frankreich verschaffte. Zu seinen Obliegenheiten gehörte, neben dem kurfürstlichen Amt in Mainz, die Verwaltung von Stadions Besitztümern, zu denen auch die unweit des schwäbischen Biberach gelegene Herrschaft Warthausen zählte. In der Schloßkapelle dieses Landsitzes vermählte er sich am 27. Dezember 1753 mit der dreiundzwanzigjährigen Sophie Gutermann, die gerade dem Dichter Wieland die Verlobung aufgekündigt hatte.

Die junge Dame, deren frühe erotische Wirrnisse bereits hinter ihr lagen, stammte aus einer Familie, die einen Vorfahren für Kaiser und Reich hingegeben hatte: vor neunzig Jahren war ein Fähnrich Gutermann im Kampf gegen die Türken gefallen, nicht ohne vorher noch die ihm anvertraute Fahne vor den Janitscharen gerettet zu haben. Sophies Vater, der Arzt Georg Friedrich Gutermann, setzte alles daran, den schon lange zurückliegenden Heldentod des Ahnen für die Rangerhöhung der Familie zu nutzen, die denn auch 1741 mit dem Namen «Gutermann von Gutershofen» in den erblichen Reichsadel aufgenommen wurde. Sophie war damals bereits elf Jahre alt und galt unter Verwandten und Freunden als eine Art kindliche Zelebrität. Sie beherrschte mit drei Jahren das Alphabet, will mit fünf zum ersten Male die Bibel «durchgelesen» haben und wurde mit zwölf vom Vater «scherzhaft zu seinem Bibliothekar» befördert. Die Atmosphäre des protestantischen Elternhauses in Augsburg war von pietistischer Frömmigkeit, aber auch vom Rationalismus der neuen Naturwissenschaften bestimmt.

Die Achtzehnjährige geriet unversehens in den Bann einer ersten großen Leidenschaft, als der glutäugige italienische Arzt Gian Lodovico Bianconi aus Bologna auftauchte und sie mit seinem Brio beeindruckte. Ihm zuliebe lernte sie Italienisch, begann sie die strengen Gesetze der Mathematik zu studieren und die Wonnen der Tonkunst zu schätzen. Die beiden jungen Leute schmiedeten einen gemeinsamen Lebensplan und verlobten sich, aber ihr Glück endete jäh, als der lutherische Vater und der katholische Bräutigam wegen des Glaubens der späteren Kinder in

Sophie von La Roche. Farbige Kreidezeichnung.

Streit gerieten. Sophie mußte nicht nur die Verlobung auflösen, sondern alle Erinnerungen an Bianconi vernichten, sogar die unter seiner Aufsicht geführten mathematischen Übungshefte. Der Vater zwang sie, den Verlobungsring in seiner Gegenwart mit eisernen Stäben zu zertrümmern. Ein phantastisches Entführungsprojekt Bianconis schlug sie aus, aber von dem Scheitern dieses ersten und ganz spontanen Liebeserlebnisses ist ihr eine tiefe Gleichgültigkeit gegenüber dem Hader der Konfessionen geblieben.

Mittlerweile war die Mutter gestorben, so daß Sophie zusammen mit den jüngeren Geschwistern in die Obhut der Großeltern zu Biberach an der Riß gegeben wurde. Dort waltete ein Verwandter, der Pfarrer Thomas Adam Wieland, seines Amtes, dessen siebzehnjähriger Sohn Christoph Martin in Tübingen die Rechtsgelehrsamkeit studierte. Tatsächlich beschäftigte er sich mehr mit der deutschen Poesie als mit der Jurisprudenz, und so war er auf die bevorstehende Affäre schon innerlich vorbereitet, die ihn mit Sophie nun erwartete. Am Sonntag, dem 23. August 1750, predigte sein Vater weitläufig, vernünftig und sehr prosaisch über den Spruch «Gott ist die Liebe». Die verzopfte Kanzelrede intonierte immerhin den Grundakkord, in den der schwärmerische Pfarrerssohn und die um drei Jahre ältere Arzttochter voll einstimmten, als sie nach dem Gottesdienst auf einer Steinbank droben am Lindele saßen und ihre Blicke bis zur Schwäbischen Alb schweifen ließen. In Sophies Dasein begann die zweite Romanze, die ihr die Pforten zur Literatur öffnete, ihrem späteren Lebensberuf. Aber auch Wieland entdeckte erst durch die befreiende Wirkung dieses Erlebnisses, daß er kaum zum Advokaten, sondern weit eher zum Poeten geboren war. Nichts sei gewisser, so bekannte er Sophie noch nach Jahrzehnten, daß er nie ein Dichter geworden wäre, wenn sie das Schicksal 1750 nicht zusammengeführt hätte.

Das Verlöbnis, das die beiderseitige literarische Erwekkung besiegelte, hielt freilich den nüchternen Geboten des Alltags nicht allzu lange stand. Der Studiosus richtete von Tübingen aus an seine «Doris» schwärmerische Briefe, die er mit empfindsamen Oden versah. Von der Verwirklichung einer Ehe in den Niederungen des irdischen Brotbettellebens war bald kaum mehr die Rede. Wieland dichtete einen «Lobgesang der Liebe», ging aber dann zu Johann Jacob Bodmer nach Zürich und holte sich dort in den obligaten literarischen Scharmützeln jener Tage die ersten Blessuren. An einen bürgerlichen Beruf dachte er nicht, der die wichtigste Voraussetzung für eine Ehe gewesen wäre. Seine biedere Mutter, die in der Verlobten nur einen Blaustrumpf sah, half weidlich mit, den ihr suspekten Bund zu hintertreiben. Sophie, längst wieder in Augsburg, korrespondierte mit dem immer ferneren Geliebten über Gott und die Welt, über Gottsched und die Anakreontiker, jedoch kaum über ein gemeinsames Hauswesen, das sich allmählich wie eine Fata Morgana verflüchtigte.

Die Werbung des ansehnlichen und den Stürmen der Jugend schon nicht mehr ausgesetzten Georg Michael Anton La Roche schien ihr am Ende eine solidere Zukunft zu versprechen als die Traumtänze mit dem Jugendfreund, der in die Literatur entwichen war. Im Dezember 1753, kurz vor der Hochzeit mit La Roche, schrieb sie dem Seelenbräutigam den Abschiedsbrief, der allerdings lediglich den einst geschmiedeten Eheplan begrub. Denn im Gegensatz zu Bianconi, der wie ein tragischer Opernheld in ihrem Leben erschienen und wieder daraus verschwunden war, spielte der skeptische, zu ironischer Distanz neigende und gänzlich untragische Wieland auch weiterhin eine Rolle in ihrem Dasein. Ihre erotische Biographie, die gleichsam mit dem bewegten Duett aus einer Opera seria begonnen hatte und dann in ein empfindsames Schäferspiel übergegangen

Christoph Martin Wieland. Gemälde von G. O. May, 1779.

war, mündete jetzt in ein langes bürgerliches Konversationsstück mit gelegentlicher Festbeleuchtung.

Zunächst zog sie mit dem Gatten an den Wirkungsort des Grafen Stadion, an den kurfürstlichen Hof zu Mainz. Hier gebar sie La Roche acht Kinder, als ältestes die Tochter Maximiliane, die später so folgenreich in die Familie Brentano einheiraten sollte. Um Pflege und Erziehung der Kinder brauchte sie sich nicht zu kümmern: dafür waren Ammen und Diener zur Hand. Hingegen hatte sie zu repräsentieren, an der Tafel zu sitzen, die Domestiken zu kommandieren und den Briefwechsel mit Stadions literarischem Korrespondenten in Paris zu erledigen. La Roche, ein der rationalistischen Pädagogik ergebener Mann, war es angelegentlich um die Bildung seiner Frau zu tun, deren Belesenheit ihm offenbar nicht genügte. Wenn er des Morgens das Haus verließ, versah er Sophie mit Büchern und Journalen, in denen bestimmte Passagen rot angestrichen waren. Am Mittagstisch hatte sie diese Stellen aus dem Gedächtnis zu repetieren und ihre Meinung dazu mitzuteilen. Daß sie dabei tiefer zu blicken und die bedeutenderen Seiten von La Roches Persönlichkeit durchaus zu würdigen vermochte, gestand sie ihm in einem Brief: «Mein Vertrauen in Ihren Charakter ruht nicht auf den schönen, geistvollen Sachen, die Sie mir erzählen und schreiben, sondern auf der Liebe und dem Segen, welche die Stadionschen Untertanen Ihnen weihten.»

Mit dem Wirken in Mainz hatte es ein Ende, als Stadion von seinen klerikalen Widersachern gestürzt wurde. Man zog nun auf das oberschwäbische Schloß Warthausen in der Nähe von Biberach, wo alsbald ein exklusiver, aufklärerisch gesinnter Kreis zusammentrat. Auch Wieland, indessen ein hoffnungsvoller junger Schriftsteller, stellte sich im nagelneuen apfelgrünen Frack wieder ein und beschrieb das Treiben auf Warthausen: «Der Besitzer, Herr von Sta-

dion, ist ein Mann durch und durch. Mit seinen zweiundsiebzig Jahren hat er noch das Feuer eines Franzosen von fünfzig, die schlichte Denkungsart und den Stil eines englischen Edelmannes. Ein Staatsmann, Kunstfreund und Plauderer par excellence . . . Bei ihm leben . . . sein Favorit und Faktotum, Herr von La Roche mit seiner Frau, ein amüsanter Arzt, ein Hauskaplan, dessen Spitzname in Erinnerung an Voltaire Maître Pangloss ist, und Sophiens Kinder, die die schönste Freude des Grafen sind. La Roche ist ein würdiger und liebenswerter Mann, er sieht zwar aus wie ein Höfling, aber er ist einer der ernsthaftesten Philosophen, die ich je in meinem Leben gesehen habe. Es gibt nichts Schöneres als das Leben in Warthausen, der Tag vergeht bei Lektüre, Plauderei, ausgedehnten Tafelfreuden und Spaziergängen, und endet gemeinhin mit kleinen Konzerten.»

Erstaunt waren Stadion und La Roche über die Eleganz, mit der Wieland die deutsche Sprache zu handhaben wußte, die sie bisher nur aus ungefügen Akten und dem Dialekt der Bauern kannten. War es ein Zufall, daß der durch Sophies Zauberstab zum Poeten gewordene Wieland gerade damals zweiundzwanzig Stücke Shakespeares ins Deutsche übertrug? Am betörenden Wohlklang seiner Übersetzung des «Sommernachtstraums» ist vielleicht auch der Zauber des Parks von Warthausen beteiligt gewesen, und die Erinnerung an den einst mit Sophie verbrachten Liebesfrühling dazu:

. . . Ein Hügel
Ist mir bekannt, wo wilder Thymus blüht,
Wo Ochsenzung' und wankende Violen,
Hoch überwölbt von weichem Geißblatt,
Von Muscus-Rosen und Hambutten wachsen;
Dort schläft *Titania* einen Theil der Nacht,

*Vorhergehende Doppelseite:
Schloß Warthausen von Süden. Kolorierte Radierung von
Johann Heinrich Tischbein d. Ä., 1781.*

Sophie von La Roche. Unbezeichnete Miniatur.

Durch Tänz' und Scherz in Blumen eingewiegt,
Und eingeschleyert in die schönste Schlange
Geschmelzte Haut, die sie dort abwarf, weit
Genug, um eine Fee darein zu wickeln.

Während Wieland solchermaßen die bisher nicht vernommene Grazie der deutschen Sprache entdeckte und zum Klingen brachte, war Herr von La Roche mit einer Niederschrift ganz anderer Art beschäftigt. Obwohl von Hause aus ein guter Katholik, war er doch auch ein Sohn des Jahrhunderts der Aufklärung und daher ein Gegner von Pfaffen und Schwarzröcken jeder Couleur. In seinen Mußestunden, deren er jetzt viele hatte, schrieb er an einem Traktat, das er «Briefe über das Mönchswesen» nannte. Er ging darin, nicht ohne Witz und Zorn, mit den Heiligen und ihren Wundern ins Gericht, vor allem mit deren Sachwaltern, den Ordensleuten, die es sich bei Wildbret und Meßwein wohl sein ließen. Nicht gegen die pädagogischen und karitativen Bemühungen der Kirche wetterte er, jedoch gegen ihre Entartung zu Köhlerglauben und Lotterwirtschaft. Die Schrift, die erst einige Jahre später erschien, wurde zu einer Sensation und beflügelte den Reformkatholizismus. Kein Geringerer als Kaiser Joseph II., der Klosterstürmer, ließ sie dann in zahlreichen Exemplaren unter der österreichischen Geistlichkeit verteilen. Daß sich der Verfasser mit dem Pamphlet aber nicht nur Bewunderer, sondern auch viele Feinde schuf, sollte er noch zu spüren bekommen.

Wo alle schrieben und sich schreibend verständigten, da wollte auch Sophie ihre Feder gebrauchen. Ein äußeres Ereignis kam hinzu, durch das sich die junge Frau auf die Bahn einer Schriftstellerin gedrängt sah. 1768 war der Graf Stadion gestorben, womit der exklusive Kreis von Warthausen ein Ende fand. La Roche, der alles andere als ein vermögen-

der Mann war, mußte die Stelle eines Amtmanns im schwäbischen Bönnigheim antreten und die beiden ältesten Töchter zur Erziehung ins Kloster geben. Seine Frau, die den pädagogischen Drang ihres Mannes längst auch zu ihrer Sache gemacht hatte, beschloß, ihm wenigstens literarisch Genüge zu tun: «Ich wollte nun einmal ein papierenes Mädchen erziehen, weil ich meine eigenen nicht hatte, und da half mir meine Einbildungskraft.» So schrieb sie den Roman «Geschichte des Fräuleins von Sternheim», der 1771 anonym in Leipzig erschien, herausgegeben von dem Jugendfreund Wieland.

42

Ankunft in Warthausen. Ölgemälde, Johann Heinrich Tischbein d. Ä. zugeschrieben, 1781.

Das Buch traf derartig den Nerv der Zeit und hatte einen solchen Erfolg, daß mancher Leser Wieland für den Verfasser hielt und einer Frau eine derartige literarische Leistung nicht zutrauen wollte. Man konnte kaum begreifen, daß hier von einer Angehörigen des weiblichen Geschlechts Anregungen Rousseaus und des englischen Briefromans originell verarbeitet wurden, daß sogar Auswüchse und Schattenseiten der Adelsgesellschaft im verbleichenden Rokoko kritisch dargestellt waren. Sophie ging es freilich nur um den behutsamen Tadel von offenkundigen Mißständen, nicht um Utopien vom souveränen Bürger oder gar vom Citoyen: ihr Ideal war und blieb der aufgeklärte Fürst. Vor allem aber wußte sie gewandt zu erzählen, Licht und Schatten effektvoll zu arrangieren und die Protagonisten der Handlung mit Ansätzen einer individuellen Psychologie auszustatten. Der stets gegenwärtige pädagogisch erhobene Zeigefinger und die überaus gefühlvolle Beschwörung der verfolgten weiblichen Unschuld kamen dem Geschmack der Zeitgenossen entgegen.

Die Heldin, billigerweise ebenfalls Sophie geheißen, entgeht einer höfischen Intrige, die sie zur Mätresse eines Fürsten machen wollte, verfällt aber dem arglistigen Lord Derby, der sie mit Hilfe einer Scheinheirat ehelicht. Nach diesem Intermezzo, das mit dem Abgang des finstern Lords endet, betreibt Sophie eine Gesindeschule, mit der sie segensreich auf die ihr Anbefohlenen einwirkt. Sie lernt eine edle Lady und einen noblen Lord kennen, der in der Welt und in der Philosophie wohlerfahren ist. Aber Derby taucht wieder auf und läßt das Mädchen, das sein Verlangen standhaft zurückweist, in die schottischen «Bleigebürge» entführen, dort einkerkern und dem Tode anheimgeben. Doch am Ende kommt das Böse zuschanden und erhält die Tugend ihren Lohn. Derby gesteht auf dem Sterbelager seine Missetaten, Sophie wird aus den Bleiminen gerettet und reicht einem anderen Lord namens Seymour die Hand, der einst hochherzig auf sie verzichtet hatte. Auf Gut Seymourhouse findet sie die ihr gemäße dreifache weibliche Bestimmung: als liebevolle Ehefrau, sorgende Mutter und milde Gutsherrin.

Der Roman rief ein lebhaftes Echo bei deutschen Lesern und Literaten hervor, so daß Goethe in seiner sehr positiven Rezension erklärte: «Man wird nun hoffentlich bald aufhören, von diesem Buche zu reden, und fortfahren, es zu lesen und zu lieben.» Herder schrieb an den Freund Johann Heinrich Merck: «Alles, was Sie mir von der Verfasserin der Sternheim sagen, sind für mich wahre Evangelien.» Und der Stürmer und Dränger Jakob Michael Reinhold Lenz, der gewiß kein Schmeichler war, huldigte Frau von La Roche folgendermaßen: «Die Erscheinung einer Dame von Ihrem Range auf dem Parnaß (die so viele andre Sachen zu tun hat) mußte jedermann aufmerksam machen.» Am meisten bestach die hohe Gefühlskultur des Buches: in diesem Sinne war es gleichsam der empfindsame Seufzer vor

Ansicht von Ehrenbreitstein, dem Wirkungsort des Ehepaares von La Roche. Gezeichnet von Lorenz Janscha, gestochen von Joh. Ziegler.

Sophie von La Roche. Titelkupfer zu «Mein Schreibetisch», gestochen von Christian Schule, 1799.

dem verzweifelten Aufschrei von Goethes «Werther», der drei Jahre später folgte.

Als das «Fräulein von Sternheim» erschien, hatte die Verfasserin tatsächlich, wie Lenz schrieb, «viele andre Sachen zu tun», obwohl sie sich auch künftig nicht mehr vom Parnaß vertreiben ließ. 1770 war Georg Michael Anton von La Roche der triumphale Wiedereinzug in die Politik geglückt: er trat in die Dienste des Erzbischofs und Kurfürsten Clemens Wenzeslaus von Trier. Als Konferenzminister nahm er in einem großzügig erbauten Haus zu Koblenz-Ehrenbreitstein sein Quartier, von wo aus er und die Seinen den Rhein sehen konnten. Hier gedachte er seine aufklärerischen Absichten, aus denen er in den «Briefen über das Mönchswesen» kein Hehl gemacht hatte, in die Praxis umzusetzen. Obwohl die Bedingungen, die das geistliche Kurfürstentum solchen Bestrebungen gewährte, von vornherein nicht ideal waren, stieg der neue Minister zunächst ziemlich schnell in der Hierarchie des Landes empor. Seine Nobilitierung, noch von Stadion eingeleitet, wurde 1775 von Kaiser Joseph II. bestätigt, der die

«Mönchsbriefe» für eine wichtige Kampfschrift hielt. Dann folgte die Ernennung zum Kriegsminister, obgleich La Roche ein völlig unmilitärisches Naturell mit gewissen pazifistischen Neigungen war, und 1778 schließlich die Beförderung zum Staatskanzler. Daß seine Gegner hinter den Kulissen rumorten und darauf sannen, den unaufhaltsamen Aufstieg des Ministers ins Gegenteil zu verkehren, glaubte er mit der ihm eigenen Nonchalance als Bagatelle abtun zu können.

Sophie stand souverän, geschäftig und besonnen dem weitläufigen Haushalt vor, den sie außerdem zu einem musischen Zentrum auszubauen entschlossen war. Durch den soeben erschienenen «Sternheim»-Roman galt sie inzwischen als Autorität in Literatenkreisen. Als Protestantin, die mit einem Katholiken verheiratet war, und als Reichsstädterin, die nun in einem geistlichen Staatswesen wirkte,

Zwei Protagonisten aus Sophie von La Roches literarischem Zirkel: oben Johann Heinrich Merck. Beistiftzeichnung von G. F. Schmoll – unten Franz Michael Leuchsenring. Silhouette.

wollte sie es der Zugbrücke gleichtun, die unter ihren Fenstern über einen Kanal führte und den Hafen mit dem Rhein verband. Sie wollte Brücken schlagen zwischen den katholischen und den evangelischen Provinzen der deutschen Kultur, wo seit den Tagen der Reformation nur Brücken abgebrochen worden waren. Sie lud Thüringer und Schwaben, Balten und Hessen, Preußen und Bayern zum Gespräch ein, fragte nicht nach ihrer Konfession oder Standeszugehörigkeit. In einer Zeit, in der die gebildeten Deutschen ihre Nationalkultur gerade erst zu finden begannen und in der sie sich im Medium der Literatur miteinander zu verständigen anfingen, war dieser Brückenschlag Sophie von La Roches bedeutendster Beitrag zu einer neuen Geselligkeits- und Gesellschaftskultur.

In ihrem Haus am Strom versammelte sie einen kleinen, aber erlesenen Kreis von jungen Leuten um sich, die allesamt damit beschäftigt waren, ihre Namen in die deutsche Literatur einzuführen. Aus Düsseldorf kam der schriftstellernde Kaufmann Friedrich Heinrich Jacobi, aus Frankfurt der junge Goethe, aus Darmstadt der genialische Kriegsrat Johann Heinrich Merck, das Urbild des Mephisto. Es kam der hessen-darmstädtische Prinzenerzieher und Hofrat Franz Michael Leuchsenring, der sich als Apostel des von Sophie propagierten Gefühlskults feiern ließ. Er brachte von seinen Kreuz- und Querzügen durch das Zeitalter der Empfindsamkeit gleich mehrere Schatullen mit, die sentimentale Frauenbriefe enthielten, aus denen er säuselnd und endlos vorzulesen pflegte. Wie es oft geschieht, war von einem neuen Weltgefühl und Kulturverständnis die unfreiwillige Selbstparodie nicht weit entfernt. Wo die teilnahmsvolle Träne ungehindert rann und überhaupt viel geweint wurde, durfte Wieland nicht fehlen, dessen Eintreffen in Ehrenbreitstein der Augenzeuge Friedrich Heinrich Jacobi gemütvoll beschrieb:

Empfang in Ehrenbreitstein: Wieland, Herr von La Roche, Leuchsenring, Sophie von La Roche, Maximiliane von La Roche, Fritz Jacobi (von links nach rechts). Holzschnitt nach einem verlorengegangenen Gemälde.

«Sein ganzer Körper geriet in Bewegung, doch auf fast unmerkliche Weise; seine Muskeln dehnten sich aus, seine Augen wurden heller und glänzender, sein Mund öffnete sich etwas, und so blieb er eine Zeitlang in einer Art von Erstarrung. Darauf kehrte er sich zur Seite, warf mit einer zitternden und zugleich heftigen Bewegung seinen Hut hinter sich auf die Erde und schwankte zu Sophien hin. Alles dies ward von einem so außerordentlichen Ausdrucke in Wielands ganzer Person begleitet, daß ich mich in allen Nerven davon erschüttert fühlte.» Sodann verbarg der Gast sein Haupt in den Händen der Hausherrin: «Sophie neigte mit einer himmlischen Miene sich über ihn und sagte mit einem Tone, den keine Clairon und keine Dubois nachzuahmen fähig sind: ‹Wieland – Wieland – O ja, Sie sind es – Sie sind noch immer mein lieber Wieland!›» Der Ankömmling habe in die weinenden Augen Sophiens geblickt und sein Gesicht auf ihren Arm zurücksinken lassen. Keiner der Umstehenden sei in der Lage gewesen, sich der Tränen zu enthalten. «Mir», so Jacobi zum Schluß, «strömten sie die Wangen hinunter, ich schluchzte; ich war außer mir, und ich wüßte bis auf den heutigen Tag noch nicht zu sagen, wie sich diese Szene geendigt, und wie wir zusammen wieder hinauf in den Saal gekommen sind.»

Später blieb Wieland fern von dem Kreis, nachdem ihn die dreisten jungen Literaten zu hänseln und zu zausen begannen. Einer davon war der etwa dreiundzwanzigjährige Johann Wolfgang Goethe, der Sophie bereits in Frankfurt aufgefallen war. Im Herbst 1773 kehrte er zum ersten Male in Ehrenbreitstein ein, wo Frau von La Roche eine Art Kongreß veranstaltete, «der hier teils im artistischen, teils im empfindsamen Sinne gehalten werden sollte». Goethe nahm an der literarischen Betriebsamkeit lebhaft teil, in deren Mittelpunkt die Hausherrin agierte, aber sein tieferes Interesse wurde von ihrer ältesten Tochter Maximiliane

gefesselt, die damals kurz vor der Hochzeit mit dem Frankfurter Kaufmann Brentano stand. Von Goethes Zuneigung für diese junge Dame sowie von seinen ersten turbulenten Auftritten in den Familien La Roche und Brentano wird später ausführlich zu erzählen sein.

Sophie suchte die Aufmerksamkeit des Dichters nicht auf die Tochter, sondern auf ihre eigene Person zu lenken. Goethe gab von ihr Jahrzehnte danach in «Dichtung und Wahrheit» ein plastisches Portrait, bei dem sich in seine Bewunderung auch ein leiser kritischer Vorbehalt mischt: «Sie war die wunderbarste Frau, und ich wüßte ihr keine andere zu vergleichen. Schlank und zart gebaut, eher groß als klein, hatte sie bis in ihre höheren Jahre eine gewisse Eleganz der Gestalt sowohl als des Betragens zu erhalten gewußt, die zwischen dem Benehmen einer Edeldame und einer würdigen bürgerlichen Frau gar anmutig schwebte. Im Anzuge war sie sich mehrere Jahre gleich geblieben. Ein nettes Flügelhäubchen stand dem kleinen Kopfe und dem feinen Gesichte gar wohl, und die braune oder graue Kleidung gab ihrer Gegenwart Ruhe und Würde. Sie sprach gut und wußte dem, was sie sagte, durch Empfindung immer Bedeutung zu geben. Ihr Betragen war gegen jedermann vollkommen gleich. Allein durch dieses alles ist noch nicht das Eigenste ihres Wesens ausgesprochen; es zu bezeichnen ist schwer. Sie schien an allem teilzunehmen, aber im Grunde wirkte nichts auf sie. Sie war mild gegen alles und konnte alles dulden, ohne zu leiden; den Scherz ihres Mannes, die Zärtlichkeit ihrer Freunde, die Anmut ihrer Kinder, alles erwiderte sie auf gleiche Weise, und so blieb sie immer sie selbst, ohne daß ihr in der Welt durch Gutes und Böses, oder in der Literatur durch Vortreffliches und Schwaches wäre beizukommen gewesen. Dieser Sinnesart verdankt sie ihre Selbständigkeit bis in ein hohes Alter, bei manchen traurigen, ja kümmerlichen Schicksalen . . .»

*Sophie, Maximiliane und Georg Michael Anton von La Roche.
Ölgemälde von Johann Heinrich Tischbein d. Ä.*

Das Ambiente, mit dem die Rhein-Landschaft und der Kunstsinn der La Roches die literarischen Kolloquien umgaben, hat besonders Goethes malerisches Ingenium angesprochen, wie ebenfalls in «Dichtung und Wahrheit» nachzulesen ist: «Das Haus, ganz am Ende des Tals, wenig erhöht über dem Fluß gelegen, hatte die freie Aussicht den Strom hinabwärts. Die Zimmer waren hoch und geräumig, und die Wände galerieartig mit aneinanderstoßenden Gemälden behangen. Jedes Fenster, nach allen Seiten hin, machte den Rahmen zu einem natürlichen Bilde, das durch den Glanz einer milden Sonne sehr lebhaft hervortrat; ich glaubte nie so heitere Morgen und so herrliche Abende gesehn zu haben.»

Daß Sophie ihren literarischen Enthusiasmus und empfindsamen Gefühlsüberschwang gleichwohl mit einem unsentimentalen Nützlichkeitsdenken vereinte, das sie dazu antrieb, für ihre Töchter möglichst reiche Ehemänner ausfindig zu machen, ist Goethe früh unangenehm aufgefallen. Von der nicht eben glücklichen Ehe Maximilianes mit Brentano werden wir noch hören. Ein regelrechtes «Ungeheuer» muß aber der kurtrierische Revisionsrat und fuldaische Hofrat Joseph Christian Möhn gewesen sein, den Sophie für ihre zweite Tochter Luise aussuchte. Goethes Mutter, die alle Begebenheiten in ihrem Umkreis drastisch zu kommentieren pflegte, hat ihn der Herzogin Anna Amalia von Weimar als wahre Groteskfigur geschildert: «Könte Docter Wolf [Goethe] den Tochtermann sehen, den die Verfasserin der Sternheim Ihrer zweyten Tochter Louise aufhengen will; so würde Er nach seiner sonst löblichen Gewohnheit mit den Zähnen knirschen, und gantz Gottloß fluchen. Gestern stellte sie mir das Ungeheuer vor – Großer Gott!!! Wenn mich der zur Königin der Erden / : Americka mit eingeschloßen : / machen wolte; so – ja so – gebe ich Ihm einen Korb – Er sieht aus – wie der Teufel in der 7*ten* Bitte in Luthers kleinem Catechismus – ist so dumm wie ein Heu Pferd und zu allem Unglück ist er *Hoffrath* – Wann ich von all dem Zeug was begreife, so will ich zur Auster werden. Eine Frau wie die La Roche von einem gewiß nicht gemeinen Verstand, von zimlichen Glücksrittern, von Ansehn, Rang u.s.w., die es recht drauf anfängt Ihre Töchter unglücklich zu machen – und doch Sternheime und Frauenzimmer Briefe schreibt – mit einem Wort, mein Kopf ist wie in einer Mühle.» Später wurde Luise von dem «Teufel» geschieden; in der «strengen unmütterlichen Zucht» der vom Leben hintangesetzten Frau verbrachte dann ihr Neffe Clemens Brentano freudlose Jahre.

Dergleichen Fatalitäten, die der Sphäre des Menschlichen-Allzumenschlichen angehörten, ließen Sophie von La Roches literarischen Ehrgeiz nicht erlahmen. Sie gab eine «Bibliothek für den guten Geschmack» heraus, verfaßte die Erzählung «Der Eigensinn der Liebe und Freundschaft», sodann «Rosaliens Briefe an ihre Freundin Ma-

Haus des Kanzlers von La Roche unter der Festung Ehrenbreitstein (in der Bildmitte mit der Gartenterrasse zum Rhein). Aquatinta von G. Witthoff und R. Bodmer, um 1850.

rianne von St.» in vier Bänden, womit sie aber nur die eine Seite ihres Wesens präsentierte. Der Kriegsrat Merck kannte auch die andere: «Ich habe schon bemerkt, daß gegen sie nicht anzukommen ist. Übrigens ist sie ganz anders, als sie in ihren Schriften erscheint, und sie erzählt viel besser als sie schreibt.»

Der Minister La Roche, der sich als Staatsmann mit den Gebrechen der Wirklichkeit befassen mußte und allein schon deshalb nicht ohne Ironie auskam, nahm mit distanziertem Humor das schöngeistige Treiben wahr. Vor allem wenn Leuchsenring, der Empfindsamkeits-Missionar, in seine säuselnde Harfe griff und mit den obligaten Briefvorlesungen begann, räumte der Kanzler freiwillig das Feld, wie Goethe in seiner Autobiographie mitteilt: «Meistens entzog sich dieser wackere Mann der Gesellschaft, wenn die Schatullen eröffnet wurden. Hörte er auch wohl einmal einige Briefe mit an, so konnte man eine schalkhafte Bemerkung erwarten. Unter anderm sagte er einstens, er überzeuge sich bei dieser Korrespondenz noch mehr von dem, was er immer geglaubt habe, daß Frauenzimmer alles Siegellack sparen könnten, sie sollten nur ihre Briefe mit Stecknadeln zustecken und dürften versichert sein, daß sie uneröffnet an Ort und Stelle kämen.» Womit er auf die Briefspitzel der Obrigkeit anspielte, die schon damals ihr Unwesen trieben.

Für die Spione des hohen Klerus, die an allen Poststationen im Hinterhalt lagen, war Siegellack kein Hindernis beim Erbrechen von Briefen. So konnten sie in einem Billett des Schriftstellers Wilhelm Heinse an Joseph Schwarz lesen, der Hofmeister bei La Roche war: «Wäre es nicht besser, wenn Wieland in der Karthause von Koblenz Prior wäre und Schwarz, Heinse, La Roche und dergleichen unter diesem Sokrates einen ganzen Himmel voll Seligkeit genießen könnten?» Der Verdacht, daß sich hier eine freigeistige Verschwörung zusammenbraute, war schnell bei der Hand, zumal der Kriegsminister La Roche kurz zuvor dem

Schleifen der Festungswälle von Koblenz zugestimmt hatte. Auch kam es seinen Kritikern ominös vor, wenn ausgerechnet der Kriegsminister in einer Denkschrift an den Kurfürsten erklärte: «Kriege sind fortan unmöglich, dergleichen werden wir nur mehr mit unseren Federn führen!» Als der Kanzler die Erhebung einer Zusatzsteuer für den Bau eines neuen kurfürstlichen Schlosses in Koblenz ablehnte und außerdem noch eine radikale Fortsetzung der «Mönchsbriefe» erschien, die gar nicht von ihm stammte, ihm aber angelastet wurde, war das Maß des Mannes voll, der aufklärerische Prinzipien in einem geistlichen Staat einführen wollte. Im September 1780 wurde er gestürzt und erhielt vom Kurfürsten unvermittelt die Entlassungsurkunde. Die Gegner frohlockten, die dankbaren Einwohner von Trier aber schenkten dem scheidenden Minister einen Wappenschild mit der Inschrift «Alles aus Liebe, sonst geht die Welt unter». Die Bemühungen La Roches, die nun gescheitert waren, jedoch auch die Ambitionen seiner Frau, die bereits der Literaturgeschichte angehörten, ließen sich auf keine prägnantere Formel bringen.

Für den kaltgestellten Staatsmann, der aus Liebe zu seinen Überzeugungen und damit zu den Menschen gehandelt hatte, ging zwar nicht die Welt unter, aber seine Lage war prekär genug. Er besaß kein nennenswertes Vermögen und mußte daher froh sein, daß sein Ministerkollege von Hohenfeld sich mit ihm solidarisch erklärte, ebenfalls zurücktrat und zu La Roches Gunsten auf die eigene Pension verzichtete. Zudem gewährte er ihm in seinem Haus zu Speyer ein Obdach, wo sich alsbald alte und neue Freunde einfanden: Merck, Wieland, der Mannheimer Theaterdirektor Dalberg, in dessen Loge der exilierte Minister und seine Frau den jungen Schiller kennenlernten. Es reichte noch für den Kauf eines Anwesens in Offenbach, wo das alternde Paar der Frankfurter Familie Brentano nahe war, in

der die Tochter Maximiliane seit über zehn Jahren ihre Hausfrauenpflichten erfüllte. Georg Michael Anton von La Roche starb am 23. November 1788, bis zuletzt in den Schriften Rousseaus und Voltaires lesend, mit deren Grundsätzen die Franzosen kaum ein Dreivierteljahr später Ernst machen sollten.

Sophie resümierte das Ende der wichtigsten Epoche ihres Lebens und vor allem die große Zeit ihres Salons in Ehrenbreitstein mit Worten, die gleichermaßen von Dankbarkeit und Resignation erfüllt waren: «Zehn glückliche Jahre flossen am Ufer des herrlichen Rheins mit seinen Wassern vorüber; viele vortreffliche Menschen und Verdienste aller Art, aus vielerlei Landen und Gegenden, wurden mir, als der Gattin des kurtrierischen Kanzlers und Staatsrats von La Roche bekannt; viele davon wurden meine gütigen Freunde – aber das Schicksal wollte, daß meine Familie sich aus dem Sonnenschein des Glücks in den Schatten ziehen sollte.»

Um den «Schatten» wenigstens in pekuniärer Hinsicht zu bannen, stellte sie ihre Schreibfeder nun in den Dienst des Gelderwerbs. Nicht mehr nur um die Vermittlung von pädagogischen Absichten und empfindsamen Seelenbeschreibungen ging es ihr jetzt, sondern um Honorare, auf die sie in der Tat dringend angewiesen war. Noch zu Lebzeiten ihres gestürzten Mannes hatte sie zwei Jahre lang die Zeitschrift «Pomona» veröffentlicht: das erste in Deutschland erscheinende Frauenjournal, das auch von einer Frau herausgegeben wurde. In den «Briefen an Lina», die eine ständige Kolumne der «Pomona» ausmachten, suchte Sophie ihre lebenslangen Bemühungen um die Kultivierung des Gefühls und um nützliche Lebenshilfe zu einer Synthese zusammenzuführen, die darauf angelegt war, die Frau zur vernünftigen Partnerin des Mannes zu erziehen. Um die moderne Emanzipation der Frau ging es ihr nicht

Sophie von La Roche. Scherenschnittsilhouette von F. X. Milz, 1802.

dabei, wohl aber wieder, wie schon in der «Sternheim», um die Beförderung weiblicher Tugend, Sittlichkeit und Bildung. Gleich zu Beginn ließ sie ihre Leserinnen wissen, «daß ich meine Lina nicht gelehrt haben will – sie soll von allen Wissenschaften nur so viel Kenntnis erlangen, als sie von den Blumen hat». Der Erfolg der «Pomona» war beträchtlich, sogar die russische Zarin Katharina II. abonnierte 500 Exemplare.

Eine Domäne, die Sophie erst in späten Jahren entdeckte, war die Reisebeschreibung, wozu ihr ausgedehnte Fahrten durch mehrere europäische Länder reichlich Stoff gaben. Sie kam, noch vor der Revolution, nach Frankreich, dann nach Holland, schließlich in das von ihr seit jeher bewunderte England, wo ihr das Königspaar eine Audienz gewährte. Das Streben nach Höherem, dem sie sonst nur literarisch nachgegeben hatte, erfüllte sie ganz buchstäblich während einer Reise durch die Schweiz: sie bestieg als erste Frau einen Abhang des Mont-Blanc.

Unternehmungslust konnte man der beinahe Siebzigjährigen nicht absprechen, und so brach sie im Sommer 1799 zu einer Reise auf, die auch zu einem Ausflug in die Vergangenheit werden sollte. In Begleitung ihrer Enkelin Sophie Brentano fuhr die alte Dame zu dem greisen Jugendfreund Wieland, der in Oßmannstedt bei Weimar ein Landgut mehr schlecht als recht betrieb. Die rührende Begrüßungszene von Ehrenbreitstein glaubte sie wiederholen zu können, aber der ergraute Genosse ihrer Jugend ließ es mit einer artigen Verbeugung und einem unergründlichen Lächeln bewenden. Den wundersamen Pfaden ihres Daseins sann sie nach, wenn sie morgens am Fenster ihres Oßmannstedter Zimmers stand und Wieland auf dem Piano phantasieren hörte. Der alte jungmädchenhafte Enthusiasmus brach aus ihr hervor, als Goethe sie zu einem Diner ins Haus am Frauenplan einlud: «Alte Baucis, Dein

Sophie von La Roche im Tode. Zeichnung.

scherzender Traum steht nun als Wahrheit vor Dir! Du dachtest in Weimar ein Göttermahl nur von der Türschwelle eines Tempels zu sehen und bekommst nun selbst einen Anteil von Ambrosia!» Goethe sah die frühere Gönnerin nicht ganz so begeistert wieder, wie er Schiller unmittelbar darauf gestand: «Sie gehört zu den nivellierenden Naturen, sie hebt das Gemeine herauf und zieht das Vorzügliche herunter und richtet das Ganze mit ihrer Sauce zu beliebigem Genuß an . . .»

Das war zwar als Bonmot nicht schlecht, aber gegenüber der «alten Baucis» doch gewiß auch unbillig, denn eine «nivellierende Natur» ist Sophie von La Roche nie gewesen. Zum Gewitzel der Jüngeren kam ihre immer angespanntere finanzielle Lage, da sie die Besetzung des kurtrierischen Landes durch französische Revolutionstruppen um ihre Pension brachte. Der Tod der Lieblingstochter Maximiliane in Frankfurt, aber ebenso das plötzliche Ende der Enkelin Sophie Brentano, die während eines zweiten Besuchs bei Wieland in Oßmannstedt starb, ließen es stiller und dunkler in der Umgebung der alten Dame werden. In der «Grillenhütte», wie sie ihr letztes Offenbacher Domizil nannte, wurde sie noch wie ein Kuriosum von vorgestern bestaunt, jedoch immer öfter respektlos belächelt, besonders von dem Irrwisch Bettine, die ihr rundheraus erklärte: «Meinungen von geistreichen Männern zu hören, was der Großmama ihre Passion ist, das scheint mir leeres Stroh, liebe Großmama.» Als die würdige Matrone sich einmal bei Bettine erkundigte, wie es wohl in ihr aussehe, entgegnete ihr die Enkeltochter ganz keck: «Wie es aussieht in mir, liebe Großmama? Nicht wie hier in Offenbach . . .» Nur der Enkel Clemens, der sonst auch zu Bizarrerien neigte, besaß ein Gespür für den menschlichen Rang der Großmutter, was er ihr in einem schönen Brief gestand: «Wenn ich Sie sehe und Ihre Schonung, Ihre Liebe mir den Blick auf mich erträglicher macht, ach, dann kehre ich vielleicht freundlich in mich zurück, an Ihrer erfahrenen liebevollen Hand. Sie glauben nicht, wie ich mich nach der Minute sehne. Meine Geschwister haben keine Zeit mich zu lieben . . . Sie sind es allein, die einen Blick und einen Segen für mich hat.»

Sophie von La Roche starb am 18. Februar 1807 in ihrer «Grillenhütte», 77 Jahre alt. Drei Jahre zuvor hatte die ungeduldige Bettine eine Strophe des Dichters Novalis auf die hochbetagte Großmutter bezogen: «Ach, wann wird das Blatt sich wenden / und das Reich der Alten enden!» Jetzt war «das Reich der Alten» für immer zu Ende, und den Angehörigen blieb in erster Linie die Sorge um die pekuniäre Hinterlassenschaft der Verstorbenen, wie die Enkelin Meline ihrem Schwager Savigny eröffnete: «Es ist wirklich so dumm von der Großmutter gewesen, daß sie immer bei fremden Leuten Geld erbettelte und bei ihren Verwandten stolz tat. Zum Beispiel, wenn ihr die Brüder zuweilen Geld schenkten, so schickte sie, statt zu danken, eine Quittung. Wenn sie es auch so mit Fremden gemacht hat, so mögen sich wohl jetzt viele Quittungen vorfinden.» Von Sophies literarischem Vermächtnis war fortan kaum mehr die Rede.

«Alles aus Liebe, sonst geht die Welt unter.» Die Welt der Sophie von La Roche war untergegangen, während die Liebe von den romantischen Enkeln neu entdeckt, aber anders besungen wurde. Wie man Sophie in den Tagen des «Sternheim»-Erfolges überschätzt hatte, so unterschätzte man sie nun und wollte nicht wahrhaben, daß in einer versunkenen Zeit, die in Form, Etikette und höfischer Gemessenheit erstarrt war, ihre Verherrlichung des Gefühls eine mutige und notwendige Tat gewesen ist – trotz aller schrullenhaften Übersteigerung, die sie dieser neuen Ausdruckswelt dann angedeihen ließ. Auch der Brückenschlag, den sie zwischen dem protestantischen und dem katholischen Deutschland praktiziert hat, sollte ihr unvergessen bleiben. Die junge Generation brachte für die in der Aufklärung wurzelnde Frau nur Spott auf, und so war sie nach Joseph von Eichendorffs galligem Wort am Ende lediglich «eine Henne, die unverhofft Schwäne ausgebrütet hat». Wenigstens um dieser «Schwäne» willen gehörte sie in unsere Erzählung, denn mit ihnen waren Sophies Enkel Clemens und Bettine, die Kinder Maximiliane Brentanos, gemeint . . .

2. Kapitel:
Glanz und Elend von Kaufmannsehen

Peter Anton Brentano (1735–1797). Unbezeichnetes Pastellgemälde.

Ein Italiener in Frankfurt

«Nur ein Wort vom Peter – kein Mensch kann begreifen warum er nicht ins neue Hauß zieht, Bauen thut er auch nicht, da doch jetzt die schönste Zeit dazu wäre, die Max darf nichts davon Reden, sonst ergrimt er im Geist, es ist ihr himmel angst, Daß das bissgen Verstandt so noch in seinem Hirn wohnt, nicht auf einmahl mit Extra Post in Mondt reißt.»

So lästerte fröhlich und ein wenig maliziös, wie es ihre Art war, im April 1777 die Frau Rath Goethe, des Dichters Mutter, über das Frankfurter Kaufmannsehepaar Peter Anton und Maximiliane Brentano. Die Sympathie der Briefschreiberin galt ganz offensichtlich der Ehefrau, der schönen «Max», die ihrem Mann gegenüber weder vom Umzug ins kürzlich erworbene Haus noch von einem Neubau reden durfte. Dergleichen vernünftige Vorschläge würden nur seinen Grimm entfacht und womöglich dazu geführt haben, «daß das bissgen Verstandt so noch in seinem Hirn wohnt, ... auf einmahl mit Extra Post in Mondt reißt». Kein Zweifel: die junge Frau erscheint hier als das Opfer eines zum Jähzorn neigenden, autoritären, wohl auch etwas geistlosen Hausdespoten. Daß es Mutter Goethe gern gesehen hätte, wenn ihr «Hätschelhans», der Verfasser des berühmten «Werther», mit Maximiliane den Bund der Ehe eingegangen wäre und nicht jener unwirsch-stupide Pfeffersack, mag ihr außerdem die Feder geführt haben.

Nur ein Pfeffersack, noch dazu ein bornierter und rabiater, ist Peter Anton Brentano gewiß nicht gewesen. Er spielte leidlich die Geige, auf der er Maximilianes Gesang zu akkompagnieren pflegte, und brachte ein paar Gelegenheitsgedichte in italienischer Sprache zustande. Das war freilich nicht mehr als der Tribut, den ein Dilettant seinem schöngeistigen Zeitalter pflichtschuldigst entrichtete. Ansonsten mußte er eine zwanzigköpfige Schar von Kindern ernähren, von denen immerhin vierzehn das Erwachsenenalter erreichten. Sie sind aus den drei Ehen hervorgegangen, die der Handelsherr im Laufe von fast dreieinhalb Jahrzehnten führte. Zwei der Frauen, mit denen er verheiratet war, endeten früh, vorzeitig verbraucht von den vielen Geburten und wohl auch von dem erschöpfenden Zusammenleben mit einem Mann, der seine Sensibilität, falls er sie überhaupt besaß, hinter einer rauhen Schale und einem berechnenden kaufmännischen Sinn verbarg. Das kommerzielle Streben, das ihm zur zweiten Natur geworden war, gesellte sich zu seiner ersten, die im Sippen- und Traditionsbewußtsein des italienischen Nobile bestand. Allein aus der Sicht der Frau Rath Goethe und ihres großen Sohnes ist Peter Anton Brentano kaum beizukommen, denn beide sahen in seiner zweiten Frau das Opfer eines kaltblütig geschmiedeten Eheprojekts, obwohl der alternde Goethe Jahrzehnte später, nachdem die jugendlichen Emotionen verraucht waren, zu einem objektiveren und gerechteren Urteil gelangte. Trotzdem bleibt der Frankfurter Großkaufmann eine spröde, schwer zu fassende und menschlich sehr ferne Gestalt.

Von seinen zahlreichen Kindern fand eigentlich nur die Tochter Bettine einen Zugang zu ihm, da er selbst die kargen Gefühlsregungen, deren er fähig war, auf dieses Mädchen versammelte. Die Stimmen der Söhne, die seiner gedenken, sind meistens respektvoll, jedoch selten herzlich, wie einer von ihnen bezeugt: «Mit seinen Kindern gab er sich wenig ab, sondern hielt sie nach der Sitte vornehmer Italiener in einer Ehrfurcht gebietenden Entfernung. Erschienen wir vor ihm, so küßten wir seine Hände, und war

Der ursprüngliche Sitz der Firma Brentano: Blick in den «Nürnberger Hof» zu Frankfurt. Darstellung vom Ende des 19. Jahrhunderts.

er dann freundlich, so küßte er unsere Stirn.» Ein sehr kühles, von innerer Abwehr bestimmtes Denkmal errichtete ihm sein größter Sohn, der Dichter Clemens Brentano, in dem Roman «Godwi», wobei er die zunächst positiv anmutenden Charakterzüge sogleich relativierte und negativ bewertete: «Unser Vater war ein redlicher, kluger und reicher Mann, doch alles dieses aus kaufmännischen Gesichtspunkten betrachtet. Redlich, ohne doch die sogenannten Handlungsvorteile zu verwerfen, klug in Spekulationen und bürgerlichen Verhältnissen; auch seine Religion war Spekulation auf den Himmel, Verhältnisse mit der Menschheit hatte er wenige, und hier waren Mönchsköpfe seine Maschinen, reich an Gütern des Lebens – Gott segne seine Asche!»

Pietro Antonio Brentano kam als zweitgeborener Sohn des erfolgreichen Handelsherrn Domenico Martino Brentano am 19. September 1735 noch im oberitalienischen Tremezzo zur Welt und verbrachte dort seine Jugendjahre. Nachdem er mit achtzehn Jahren mündig geworden war, wie es das lombardische Gesetz erlaubte, nahm ihn der Vater als Gesellschafter in seine Frankfurter Firma auf, die er schon bald, nach Domenico Martinos Tod, zusammen mit zwei Brüdern weiterführte. 1771 löste er sich von ihnen und betrieb nun das glänzend florierende Geschäft allein, zuerst noch im «Nürnberger Hof», später im Haus «Zum Goldenen Kopf» in der Großen Sandgasse. Die Waren, die er aus London, Amsterdam und Marseille, aus Genua, Venedig und vom heimischen Comer See bezog, ließ er von einem ganzen Troß kleinerer Händler feilbieten, die auf Messen und Märkte des Kontinents ausschwärmten und sich allesamt in einem strengen Abhängigkeitsverhältnis zu Herrn Brentano befanden.

Mit welchen Erzeugnissen versah er seine italienischen Handelsleute? Mit allem, was gut und teuer war, was ge-

schätzt und gebraucht wurde in Residenzen, Adelsschlössern und wohlsituierten Bürgerhäusern: mit Gewürzen aller Art, als da waren weißer und schwarzer Pfeffer, Muskatnüsse, Anis, Zucker und Zimt; mit Tee, Kaffee, Schokolade und Tabak; mit Zitronat, Rosinen und Safran; mit Schwefel, Hirschhorn, Bleiweiß und Alaun; mit Würsten, Schinken und Käse; mit Kohlen, Lichtern und natürlich Wein, nicht zu vergessen Perlen und Edelsteine. Später, nach dem Ausbruch der Französischen Revolution, lieh der finanzkräftige Geschäftsmann auch Geld, besonders den Emigranten, die über den Rhein herüberkamen.

Im Januar 1763, kurz nach Empfang des Frankfurter Bürgerrechtes, heiratete der Achtundzwanzigjährige zum ersten Male. Er, der selbst einer «Brentano-Brentano-Ehe» entstammte, nahm eine Kusine zur Frau: Josepha Maria Walpurga Brentano aus der Linie Gnosso. Die Zeit bis zu ihrem frühen Tod verbrachte sie oft im Wochenbett, denn in einer nur siebenjährigen Ehe gebar sie ihm sechs Kinder. Unter ihnen war der Sohn Franz, der später die Leitung des Handelshauses übernehmen und das unangefochtene Oberhaupt der weitläufigen Geschwisterschar werden sollte. Anfang September 1770, elf Tage nach der Geburt des sechsten Kindes, starb Josepha Maria Walpurga an Entkräftung. Peter Anton Brentanos erste Ehe war zu Ende, aber sie hatte sich für den dynastisch denkenden Hausherrn gelohnt, der nun schon einen Thronfolger für sein Handelsimperium besaß.

Maximiliane von La Roche als Mädchen. Anonyme Zeichnung; Kohle und Kreide, vor 1774.

Maximiliane

Die nächsten Jahre müssen für den, wie er so oft bewies, außerordentlich potenten Mann eine wahre Pein gewesen sein. Der Witwer war jedoch entschlossen, nichts zu überstürzen und mit der zweiten Ehe den Einstieg in die etablierte deutsche Oberschicht zu finden. Daß dann, um die Jahreswende 1773/74, doch alles sehr schnell ging und zwischen der Verlobung und der Hochzeit mit der blutjungen Maximiliane von La Roche nur gerade vierzehn Tage lagen, mochte damit zu erklären sein, daß er die günstige Gelegenheit nicht versäumen wollte, auf die er so lange gewartet hatte. Friedrich Damian Dumeix, Dechant an der Frankfurter Kirche Sankt Leonhard, war dabei als Mittler behilflich. Jedenfalls wurde die Trauung am 9. Januar 1774 in der Schloßkapelle zu Ehrenbreitstein so hastig festgelegt, daß der Kanzler von La Roche gar nicht an ihr teilnehmen konnte. Wie dem auch sei: mit der Vermählung war beiden Seiten geholfen. Die La Roches, die keineswegs als begütert galten, hatten ihre älteste Tochter mit einem reichen Mann versorgt, dem seinerseits der Schwiegervater bald das Ehrenamt eines kurtrierischen Geheimen Rates und Residenten in der Freien Reichsstadt Frankfurt verschaffte. Zwischen der noch nicht einmal achtzehnjährigen Maximiliane und dem mittlerweile neununddreißigjährigen Brentano bestand ein Altersunterschied von mehr als zwanzig Jahren, was aber bei den Kalkulationen der beteiligten Parteien keine Rolle spielte.

Maximiliane war in ihrem Elternhaus zu Ehrenbreitstein weltoffen und weltläufig erzogen worden, wie es sich ein junges Mädchen damals nur wünschen konnte. Sie fiel als begabte Zeichnerin auf, war belesen und vor allem sehr hübsch, vielleicht ein wenig ätherisch und zerbrechlich. Die Aussicht auf die zwölf Kinder, die sie später ihrem

Mann schenken sollte, hätte sie vermutlich in Angst und Schrecken versetzt. Die Mutter Sophie, die bekanntlich zu einer gewissen Bevormundung neigte, glaubte ihr noch Unschuld des Herzens und «Ohnerfahrenheit des Kopfs» bescheinigen zu müssen, aber als dann ein rechtschaffener Herr aus Königsberg um ihre Hand anhielt, hatte Maximiliane eine verständige Antwort parat: «Er ist ein Offizier,

60

Der junge Goethe. Anonymer Schattenriß, ohne Datum.

mein Gott, ich würde weinen, wenn er vor Liebe sterben würde, aber ich würde ihn nicht heiraten. Sagen Sie es ihm schnellstens, meine liebe Mama.» Trotz ihrer Zartheit besaß sie Esprit, wie es sich für eine La Roche-Tochter beinahe gehörte, und besonders Temperament, von dem die schwarzen Augen blitzende Kunde gaben – wie geschaffen, um demnächst in die deutsche Literatur einzugehen!

Der junge Dichter, der diese poetische Transaktion bald darauf besorgte, hieß Johann Wolfgang Goethe und kam aus Wetzlar, wo er sich soeben fluchtartig von Charlotte Buff und ihrem Bräutigam Kestner verabschiedet hatte. Er war mit dem Nachbeben der bewegten Wetzlarer Affäre beschäftigt, die gebieterisch nach seelischer Bewältigung und damit nach befreiender künstlerischer Gestaltung verlangte. Nun geriet er in den Bannkreis Maximilianes, worauf er Jahrzehnte später, längst an der Schwelle des Alters stehend, in «Dichtung und Wahrheit» lyrische Rückschau hielt: «Es ist eine sehr angenehme Empfindung, wenn sich eine neue Leidenschaft in uns zu regen anfängt, ehe die alte noch ganz verklungen ist. So sieht man bei untergehender Sonne gern auf der entgegengesetzten Seite den Mond aufgehn und erfreut sich an dem Doppelglanze der beiden Himmelslichter.» Und von Maximiliane schwärmte er ebenfalls in der Autobiographie, sie sei «eher klein als groß von Gestalt, niedlich gebaut» gewesen: «eine freie anmuthige Bildung, die schwärzesten Augen und eine Gesichtsfarbe, die nicht reiner und blühender gedacht werden konnte».

Ob die gegenseitig dankbar wahrgenommene Zuneigung viel mehr war als ein beschwingter Flirt, wird offenbleiben müssen. Ganz sicher aber war er in Maximilianes kurzem Leben der Höhepunkt, zu dessen Verklärung die Ehe mit dem strengen Brentano noch beigetragen haben mag. Goethes Briefe, die er der Mutter La Roche schrieb und in denen er sein Gefühl für das Mädchen ohne Umschweife zu erkennen gab, fielen dann in die Hände von Maximilianes Tochter Bettine, die daraus ihren sehr persönlichen Goethekult destillierte. Aber damit hatte es jetzt noch viel Zeit und gute Weile: die jungen Leute durchstreiften die Landschaft, besuchten Schloßberg und Kartause, überquerten die mittelalterliche Moselbrücke und setzten auf einer Fähre über den Rhein. Die Gegenwart war

61

wichtiger als alle Historie, wichtiger auch als Frau von La Roches literarische Konsultationen, an denen Goethe dennoch mit gedämpftem Interesse teilnahm, da sie ihm Gelegenheit zum Beisammensein mit Maximiliane gaben. Er konnte in fast abruptem Wechsel gravitätisch und ausgelassen, altklug und feurig sein, aber ein später Rokoko-Schimmer entsprach am meisten seiner Stimmung, wenn er mit der neuen Freundin, beide in Schäferkostümen, am Ufer des Rheins promenierte. In solchen Stunden erfreute er sich «an dem Doppelglanze der beiden Himmelslichter», denn die blauäugige Wetzlarer Lotte war keineswegs vergessen, wenn sie auch alsbald, durch den Beschluß des «Werther»-Autors, Maximilianes schwarze Augen erhielt.

Dann traf, sehr plötzlich, die Nachricht von der Verlobung und bevorstehenden Hochzeit des Mädchens mit Brentano ein. Wollte man vielleicht mit dem schnellen Schritt vollendete Tatsachen schaffen und einen denkbaren Nebenbuhler ausschalten, selbst wenn er der Sohn eines kaiserlichen Rates und Enkel eines Frankfurter Schultheißen war? Wir unterlassen jede Spekulation und halten uns an Goethe, der zunächst glaubte, mit dem reichen und betriebsamen Handelsherrn halbwegs auskommen zu können. Schließlich wurde ein Hausfreund von manchem Geschäftsmann stillschweigend geduldet, wenn der durch die Firma beansprucht war und ihn zudem ein beträchtlicher Altersunterschied von seiner jungen Frau trennte. Silvester 1773 schrieb der Dichter hochgemut aus Frankfurt: «Max la Roche heurathet hierher. Ihr Künftiger scheint ein Mann zu seyn, mit dem zu leben ist, und also heysa!» Mitte Januar 1774 kam das neuvermählte Ehepaar Brentano in der Freien Reichsstadt an, gerade zeitig genug, um von dem erwartungsvoll gestimmten Goethe in den Strudel des Karnevals gezogen zu werden.

«Diese dritthalb Wochen her ist geschwärmt worden», ließ er kurz darauf verlauten, «und nun sind wir zufrieden und glücklich als mans seyn kann. Wir sag ich, denn seit dem fünfzehnten Januar ist keine Branche meiner Existenz einsam ... Die Max ist noch immer der Engel, der mit den simpelsten und werthesten Eigenschaften alle Herzen an sich zieht, und das Gefühl, das ich für sie habe, worinn ihr Mann nie Ursache zur Eifersucht finden wird, macht nun das Glück meines Lebens. Brentano ist ein würdiger Mann, eines offenen starken Charakters, viel Schärfe des Verstands, und der thätigste zu seinem Geschäfft. Seine Kinder sind munter, einfach und gut. Thun Sie noch den lieben Dumeix dazu und eine Freundin, so haben Sie unser ganzes Klümpgen.» Die Kinder, die Maximiliane aus Brentanos erster Ehe übernommen und nun zu erziehen hatte, gewannen sogleich Vertrauen zu dem jungen Poeten, der auch sonst ein wenig Licht in den düsteren «Nürnberger Hof» in der Schnurgasse brachte. Vorbei an Heringstonnen und Käsestapeln stieg er in die Gemächer der Frau Brentano, um mit ihr zu musizieren und sie über ihr neues Dasein zu trösten. Die Gerüche, die von den Viktualien in den Gewölben her zu bemerken waren, kontrastierten ziemlich ernüchternd mit dem Arkadien, das Goethe inmitten der Paravents von Madame Brentano erschuf. Dann begab er sich für einige Zeit in strenge Klausur, um den «Werther» niederzuschreiben.

Als er wieder hervorkam, wurde das muntere Treiben fortgesetzt, jetzt aber zur wachsenden Erbitterung des Hausherrn, der seiner ohnehin mühsam zurückgehaltenen Eifersucht nun keine Zügel mehr anlegte, denn er war mitnichten bereit, dem jugendlichen Sturm-und-Drang-Genie im «Nürnberger Hof» freien Lauf zu lassen. Es muß zu einer heftigen Auseinandersetzung gekommen sein, bei der Brentano dem ihm lästigen Schwerenöter das Haus ver-

Frankfurt von Südost. Kolorierter Kupferstich von Johann Jakob Koller, Frankfurt 1777.

Catharina Elisabeth Goethe, die «Frau Rath». Gemälde von Georg Oswald May, 1776.

bot. Ende Mai 1774 schrieb Goethe bekümmert an Frau von La Roche: «Die liebe Max seh ich selten, doch wenn sie mir begegnet, ists immer eine Erscheinung vom Himmel.» Und in einem anderen Brief an die gleiche Adressatin: «Wenn Sie wüßten, was in mir vorgegangen ist, ehe ich das Haus mied, Sie würden mich nicht zurückzulocken denken, liebe Mama, ich habe in denen schröcklichen Augenblicken für alle Zukunft gelitten, ich bin ruhig, und die Ruhe laßt mir...»

In seiner Jahrzehnte später entstandenen Autobiographie hat Goethe dann die «schröcklichen Augenblicke» fast ganz unterschlagen und sein Verhältnis zu Maximiliane als «eigentlich ein geschwisterliches» nachträglich entschärft. Er sei, so heißt es dort, «ohne wirklichen Anteil, ohne Mitwirkung» in Maximilianes neue Familienbeziehungen «eingeklemmt» gewesen. Die Beteiligten hätten sich «in verdrießlichen Fällen» an ihn gewendet, «die ich durch eine lebhafte Teilnahme mehr zu verschlimmern als zu verbessern pflegte». Von «Lebensverdruß», auch von «Halbverhältnissen» ist da verschleiernd und vieldeutig die Rede, aber kein Wort fällt von Brentanos Eifersucht und von den Anlässen, die Goethe dazu gegeben haben mochte. Immerhin ist dort die wenig erfreuliche Situation der jungen Ehefrau angedeutet. Sie sei «aus dem heiteren Thal-Ehrenbreitstein und einer fröhlichen Jugend in ein düster gelegenes Handelshaus versetzt» worden und habe «sich schon als Mutter von einigen Stiefkindern benehmen» müssen. Alles andere, was für Goethe an dieser Episode unverlierbar blieb, war längst in den «Werther» eingegangen. Dort erschien Maximiliane als Fräulein B., und vor allem lieh sie der Lotte ihre schwarzen Augen. Es war eine versteckte, aber anrührende Huldigung, die der Dichter seiner «Maxe» angedeihen ließ, und so mögen die Begegnungen mit ihr am Ende doch mehr als nur eine Episode gewesen sein.

Die Affäre war auch noch nicht zu Ende. Die Augen der Freundin beschäftigten ihn weiterhin, wenn er sie etwa im Theater traf: «Ich hab wieder in die Augen gesehen, ich weiß nicht, was in den Augen ist.» Kurz darauf, November 1774, teilte er Mutter La Roche mit: «Ihre Max hab ich in der Comödie gesprochen. Den Mann auch, er hatte all seine Freundlichkeit zwischen die spitze Nase und den spitzen Kiefer zusammengepackt. Es mag die Zeit kommen, da ich wieder ins Haus gehe.» Vorläufig mußte er sich jedoch damit begnügen, die junge Frau hin und wieder in der «Comödie» oder bei anderen Gelegenheiten zu sehen. An einem hellen Wintertag erblickte er sie beim Schlittschuhlaufen auf dem zugefrorenen Main. Unverzüglich borgte er sich bei seiner Mutter den karmesinroten Pelz aus, warf die Schleppe über den Arm und glitt nun elegant, gleich einem Göttersohn, durch die Brückenbogen, dabei Frau Brentano gewandt umkreisend. Später erzählte Frau Rath Goethe der jungen Bettine den Auftritt, den sie von ihrem Schlitten aus beobachtet hatte: «Damals war deine Mutter mit auf dem Eis, der wollte er gefallen.»

Im März 1775 brachte Maximiliane ihr erstes Kind zur Welt, den Knaben Georg, den seine Schwester Bettine dereinst den «vornehmsten aller Menschen» nennen sollte. Für die Niederkunft hatte die erst Neunzehnjährige den unwirtlichen «Nürnberger Hof» mit der elterlichen Wohnung in Ehrenbreitstein vertauscht, um Frau von La Roche an der Seite zu haben. An sie richtete Goethe denn auch unverzüglich freundschaftliche Glückwünsche: «Gott segne Sie, liebe Großmama und das kleine Mamachen und den Knaben. Ich hoffe, die Dazwischenkunft des Mäusgens wird viel ändern, ich kann wohl sagen, ich erwarte sie recht sehnlich zurück. Jetzt geh ich zu Brentano, ihm Glück wünschen. / Adieu der lieben kleinen Mutter, Ade!» Die Wetterwolken, die über der zweiten Ehe des Handelsherrn ge-

Maximiliane Brentano, geb. von La Roche (1756–1793).
Unbezeichnetes Pastellgemälde.

dräut hatten, schienen abzuziehen, zumal der Dichter kurz darauf nach Ehrenbreitstein signalisierte: «Ich hab ihr [Maximiliane] bisher mein Wort gehalten und versprach ihr, wenn ihr Herz sich zu ihrem Manne neigen würde, wollt ich wiederkehren, ich bin wieder da und bleibe bis an mein Ende, wenn sie Gattin und Hausfrau und Mutter bleibt, Amen.» Das feierliche Versprechen mochte sogar den argwöhnischen Eheherrn hinlänglich beschwichtigt haben, wie Goethe anzunehmen schien, als er von seiner ersten Schweizer Reise nach Hause zurückkehrte: «Wies nun gehen wird, weiß Gott. Brentano ist nicht eifersüchtig, sagt er.» Und Anfang August erfuhr Frau von La Roche aus einem weiteren Brief: «Gestern Abend, liebe Mama, haben wir gefiedelt und gedudelt bei der guten Max.»

Es war nur ein heiterer Kehraus, den das «Fiedeln und Dudeln» der letzten gemeinsam verbrachten Abende erträglicher machen sollte, kein neuer Anfang. Schon im Oktober meldete Goethe nach Ehrenbreitstein: «Ich geh nach Weimar! Freut Sie das?» In der gleichen Epistel gab er seiner Hoffnung Ausdruck: «Die Max ist hold, wird in meiner Abwesenheit noch freier mit meiner Mutter sein, obgleich Brentano allen Anschein von Eifersucht verbirgt, oder auch vielleicht mich itzo für harmlos hält.» Dann reiste er ab, zunächst nach Heidelberg, von dort nach Weimar – neuen Metamorphosen entgegen.

Daß dadurch das Eheleben der Brentanos nicht viel erquicklicher geworden war und sich höchstens Peter Anton von einem verdächtigen Rivalen befreit wähnte, teilte Goethes Mutter noch ein Jahr später nach Weimar mit: «Eure Grüße an die Max, Tante, Gerocks habe wohl ausgerichtet, Sie haben Euch alle sampt und sonders lieb und werth, und wünscheten daß Ihr wieder da wäret. Nur vor einen gewissen Peter ist Eure Abwesenheit ein groß Labsal, es ist überhaupt ein wunderlicher Heiliger. Bis die arme Max ins neue

Hauß kommt, wirds vermuthlich noch manchen Tantz geben.» Im Jahr 1793, kurz vor ihrem Ende, soll Goethe die Freundin noch einmal in Frankfurt besucht haben. Das war genau zehn Jahre, bevor Bettine Brentano, Maximilianes zur Olympier-Verehrung entschlossene Tochter, sich zu seinen Füßen niedersetzte . . .

Madame Brentano kam noch lange nicht ins «neue Hauß», das ihr Mann erst einmal standesgemäß herrichten mußte, wie es einem kurtrierischen Geheimen Rat und Residenten in der Freien Reichsstadt Frankfurt geziemte. Auch darüber ließ sich Frau Rath Goethe burschikos und mit viel Sinn für die unfreiwillige Komik von Herrn Brentanos würdevollem Auftreten vernehmen: «Peter ist immer noch Peter, seine Standts erhöhung ist auf der einen Seite betrachtet von Mama La Roche ein guter Einfall gewesen, den da er sich erstaunlich viel drauf Einbildet, und es doch niemandt als seinen Schwiegereltern zu verdancken hat; so hat das einen großen Einfluß auf seine Frau. Auf der andern Ecke aber hat das Ding wieder seine verteuffelte Mucken. Sein Hauß will er /: weil die la Roche ihm in den Kopf gehenckt hat, der Churfürst würde bey ihm einkehren: unterst zu oberst wenden, als Resident muß er einen Bedienten hinter sich her gehen haben. Das viele zu Fuße gehen, sagt er, schicke sich auch vor die Max nicht mehr. Nun denckt Euch bey dieser angenommenen größe den Peter, der jetzt fürchterliche Ausgaben, und sich zu einem vornehmen Mann wie der Esel zum Lautenschlagen schickt ――― So viel rathe ich Euch, ihn nicht anders als Herr Residendt zu Tituliren. Neulich war er beym Papa [Vater Goethe], der im Discurs Herr Brentano sagte – Wissen Sie nicht, daß ich Churfürstlich Thrirscher Residendt bin? Ha Ha Ha, darnach könt ihr Euch also richten, und vor Schimpf und Schaden hüten. Wieviel nun die gute Max bey der Historia gewonnen oder verlohren hat, weiß ich nicht.»

Der Römerberg in Frankfurt. Kolorierter Kupferstich von F. W. Deleskamp.

Haus «Zum Goldenen Kopf» in Frankfurt, Große Sandgasse, Blick auf den Hof. Rekonstruktionszeichnung aus den dreißiger Jahren unseres Jahrhunderts.

Das Haus, dessen Bezug die Frau Rath mit soviel meschantem Humor bedachte, stand in der Großen Sandgasse und wurde von dem Herrn Residenten stolz «Coppa d'oro», «Goldene Schale», getauft, woraus die Frankfurter allerdings bald einen «Goldenen Kopf» machten. Unter diesem Namen wurde es die Wohnstätte von mehr als zwei Generationen der Dynastie Brentano aus der Linie Tremezzo. Erst im Frühjahr 1778, nach langen und kostspieligen Umbauten, zog die Familie ein, womit dem patriarchalischen Sinn Peter Antons für ein repräsentatives Domizil endlich Genüge getan war. Inwieweit es Maximiliane je eine neue Heimat geworden ist, muß zweifelhaft bleiben. Bis zur Geburt ihres vierten Kindes ging sie zur Niederkunft noch immer nach Ehrenbreitstein; mit der Amtsenthebung des Vaters wurde ihr dieser Zufluchtsort dann endgültig versperrt. Im «Goldenen Kopf» gehorchte sie weiterhin ihrem Mann als Mehrerin des Brentanoschen Nachwuchses, und dies oft in ziemlich kurzen Abständen. So lag zwischen den Geburten des Sohnes Christian und der Tochter Bettine nur ein reichliches Jahr. Sie schenkte in neunzehn Jahren insgesamt zwölf Kindern das Leben, bis ihr früher Tod diesem zermürbenden Zyklus ein Ende setzte. Ihrer Schönheit und ihrem Charme wußte sie bei alledem einen Abglanz von mädchenhaftem Schmelz zu erhalten.

Die Stelle des Mittlers und Trösters trat nach Goethes Abgang der Rat Bernhard Crespel an, ein exzellenter Violinist, philosophischer Kopf und witziger Bonvivant. Er war einer der Wortführer in der Samstagsgesellschaft der Frau Rath Goethe, die ihn zu einem ihrer «Söhne» ernannte. Er hat über Jahre hinweg in mancher dunklen Stunde der leidgeprüften Maximiliane Mut zugesprochen und sich für sie bei dem Gemahl ins Mittel gelegt. Mutter La Roche, die an der Brentano-Ehe gewiß nicht unschuldig war, dankte es ihm in vertraulichen Briefen: «... meine Seele segnet Sie für daß, was Sie edelmütig mitleidend für meine gute, gute arme Maxe thun. Lassen Sie die mütterlichen Thränen, mit denen ich dießes schreibe, und mit meinen beyden Händen eine der Ihrigen fasse, u. mit der innigen Bitte bewegen, noch länger edle wohltätige Gedult mit Brentano's Fehlern, und seine Empfindsamkeit mit Ihrer Schwester Max unverdientem Schicksal zu haben.» Auch Crespel war übrigens ein Nachleben im Medium der Kunst beschieden: Frau Rath Goethe erzählte von seinen Verschrobenheiten dem jungen Clemens Brentano, der wiederum den Berliner Kammergerichtsrat E.T.A. Hoffmann damit unterhielt. Der stattete den Rat, im ersten Band seiner «Serapionsbrüder», mit allen Zügen einer tragischen Groteskfigur aus. Von dort geriet Crespel in Offenbachs Oper «Hoffmanns

Blick in eine Wochenstube des 18. Jahrhunderts. Gemälde von Daniel Chodowiecki (links).

«... Sieh ich habe dich immer so sehr geliebt, ... Gott wird dich seegnen und dich belohnen wen du gut wirst; schreibe mir waß du lernest, und wie deine Stunden eingetheilt sind.... lebe wohl, Gott erhalte dich und Stärcke dich Zum guten – deine treue Mutter Brentano»: Brief Maximilianes an ihren Sohn Clemens, 31. Januar 1792 (rechts).

Erzählungen», in der er noch heute, als Vater der schwindsüchtigen Gesangsenthusiastin Antonia, den Leuten das Gruseln lehrt.

Ganz so schauerlich wie in Hoffmanns und Offenbachs Crespel-Phantasmagorie ist es im Hause Brentano sicher nicht zugegangen, aber ein Hauch von Antonias zarter Romanzen-Wehmut mag auch über der Gestalt Maximilianes gelegen haben. Immerhin glätteten die Jahre ein wenig das Zusammenleben mit dem strengen Eheherrn und trugen vielleicht dazu bei, «den bößen Geist aus dem Menschen zu treiben», wie es Sophie von La Roche drastisch ausdrückte. In den Berichten der Gäste und Freunde dominierte freilich weiterhin Maximiliane, «die kleine Frau mit dem vielen Verstande». Auch war sie es, die zu den Kindern ein partnerschaftliches Verhältnis herstellte, etwa zu dem dreizehnjährigen Clemens, dem sie einmal schrieb: «Sieh ich habe dich immer so sehr geliebt, und die Tante auch, ich habe immer vor dich gesprochen und gesagt du würdest uns gewiß noch Ehre machen, ich hofe du hast mich lieb genug um mich nicht Zur Lügnerin Zu machen, und Gott wird dich seegnen und dich belohnen wen du gut wirst; schreibe mir waß du lernest, und wie deine Stunden eingetheilt sind.... lebe wohl, Gott erhalte dich und Stärcke dich Zum guten – deine treue Mutter Brentano.» Hingegen scheint der Vater hart und oft unnachsichtig mit den Kindern verfahren zu sein, immer darauf bedacht, sie zu ehrenfesten und strebsamen Angehörigen der Brentano-Dynastie abzurichten, wovon besonders Clemens ein Lied singen konnte.

Nur die quirlige Bettine, die offenbar schon als kleines Mädchen etwas vom Brio einer italienischen Soubrette besaß, eroberte Peter Antons verschlossenes Herz im Sturm, wie sie später im «Frühlingskranz» erzählte: «Der Vater hatte das Kind sehr lieb, vielleicht lieber als die andern Geschwister, seinem Schmeicheln konnte er nicht widerste

hen. Wollte die Mutter etwas vom Vater verlangen, da schickte sie das Kind, und es solle bitten, daß der Vater *ja* sage, dann hat er *nie* es abgeschlagen. Nachmittags, wenn der Vater schlief, wo keiner Lärm wagte oder Störung zu machen, das Kind aber lief ins Zimmer, warf sich auf den schlummernden Vater und wälzte sich übermütig hin und her, wickelte sich zu ihm in den weiten Schlafrock und schlief ermüdet auf seiner Brust ein. Er lehnte es sanft beiseite und überließ ihm den Platz; er ward nicht müde der Geduld. Viel Lieblichkeiten erwies er ihm, beim Spazierenfahren ließ er halten auf der Blumenwiese, bis der Strauß groß genug war, das Kind wollte gern *alle* Blumen brechen, das nahm kein Ende, die Nacht brach ein, und den Strauß, viel zu groß für seine Händchen, bewahrte ihm der Vater.»

So erscheint, in Bettines liebevoll arrangiertem Erinnerungsspiegel, Herr Brentano doch noch in einem versöhn

Haus «Zum Goldenen Kopf» in der Großen Sandgasse zu Frankfurt. Kolorierter Holzstich aus dem 19. Jahrhundert.

lichen Licht, jedenfalls nicht ohne anrührende Züge. Ansonsten hatte er andere Sorgen, seit 1789 die neufränkischen Menschheitsapostel jenseits des Rheins das Ancien régime aus den Angeln hoben. Die vornehmsten französischen Emigranten tauchten jetzt im Haus «Zum Goldenen Kopf» auf, darunter sogar der Graf von Artois, später als Karl X. König von Frankreich, um dem Magnaten Brentano erhebliche Geldanleihen zu entlocken – insgesamt mehr als eine Viertelmillion Gulden, von denen nur ein Bruchteil zurückgezahlt wurde. Zornig schrieb er, der es mit den alten Gewalten hielt, an seine Schwägerin: «Ich wollte, wir hätten nie die Franzosen gekannt, sie sindt nichts nuz, und es ärgert mich, daß nicht ganz Teutschlandt zu den wafen greifet, um die ganze race zu vertilgen und den Todt der Königin zu rächen. Morgen fängt die Belagerung von Landau an, das wirt eine fürchterliche Canonade geben.»

Der Brief stammt vom 24. Oktober 1793. Zu Beginn des Jahres war der österreichische General Anton Joseph von Brentano di Cimaroli im Haus «Zum Goldenen Kopf» gestorben, bis in seine letzte Lebensstunde hinein betreut von Maximiliane. Im Mai brachte sie ihr letztes Kind zur Welt, das Töchterchen Susanne, das bereits Anfang September starb. Dann war es, als habe das dahingegangene Mädchen alle Lebenskraft der Mutter mit sich fortgenommen. Maximiliane verschied, erst siebenunddreißigjährig, am 19. November 1793, ohne zuvor erkennbar krank gewesen zu sein: ganz unvermittelt, als ob ihr die Natur das langsame Welken und Altern hätte ersparen wollen. Zwei Tage darauf meldete Sophie von La Roche diese letzte und endgültige Wendung einer Freundin: «Die liebenswerte Märtyrin ist glücklich bei Gott, leidet nicht mehr, weder an Leib noch Seele, kann nicht [mehr] geplagt werden.»

Der plötzliche Tod Maximilianes traf die Familie wie ein Schock, am meisten aber den fünfzehnjährigen Clemens,

der besonders eng mit der Mutter verbunden gewesen war. Die Verzweiflung, in die ihn nun ihr Verlust stürzte, kehrte in seinem dichterischen Werk gleich einer unauslöschlichen Urerfahrung wieder, etwa in dem Prosafragment «Der Sänger»: «Meine Mutter starb, ich habe keine Bezeichnung für mein Zurückbleiben, denn meine ganze äußre Welt sank mit ihr. Lange war es mir, als sei ich auch gestorben, alle Tätigkeit verließ mich. Ich saß morgens auf dem Bette und mochte mich nicht ankleiden, denn ich konnte ja nicht zu ihr gehen und sie grüßen. Ich konnte nicht sprechen, nicht lesen, denn sie saß mir nicht mehr gegenüber, sie hörte mich nicht mehr.» Fast schien es, als ob er in den Frauen, die ihm später etwas galten, immer nur die Mutter gesucht hätte, auch in Sophie Mereau, der Dichterin und der Geliebten, die ihm «ganz, körperlich und geistig, das Bild unsrer verstorbenen Mutter» war.

Peter Antons Freunde und Bekannte waren übereinstimmend der Ansicht, «daß er so ein Weib nicht wiederbekommen kann», wie es der preußische Offizier Hans von Brixen in einem Brief aussprach. Mehr als nur eine dumpfe Ahnung davon muß den Witwer in den Tagen nach Maximilianes Tod umgetrieben und zu ergreifenden Äußerungen der Trauer bewogen haben, in die er von allen Kindern wieder nur die kleine Bettine rückhaltlos einbezog. In dem Buch «Clemens Brentanos Frühlingskranz», das ein halbes Jahrhundert später entstand, erzählte sie davon: «Der Vater kann's nicht ertragen, wohin er sich wendet, muß er die Hände ringen, alles scheuet seinen Schmerz. Die Geschwister fliehen vor ihm, wo er eintritt, das Kind [Bettine] bleibt, es hält ihn bei der Hand fest, und er läßt sich von ihm führen. Im dunklen Zimmer, von den Straßenlaternen ein wenig erhellt, wo er laut jammert vor dem Bilde der Mutter, da hängt es sich an seinen Hals und hält ihm die Hände vor den Mund, er soll nicht so laut, so jammervoll klagen!»

72

Peter Anton Brentano. Scherenschnitt.

Die dritte Ehe

Der inzwischen nahezu sechzigjährige Hausherr war sich immer noch seiner Manneskraft gewiß. Er heiratete, nach Absolvierung einer gebührenden Trauerfrist, im Juni 1795 die vierundzwanzigjährige Friederike Anna Ernestine von Rottenhof, die Tochter eines fürstbischöflich-fuldaischen Hofrates und Kammerherrn. Die gesellschaftliche Karriere, die er mit der Heirat Maximiliane von La Roches begründet hatte, dachte er wohl mit der dritten Eheschließung zu stabilisieren und auszubauen. Aber der Altersunterschied, der ihn von seiner letzten Frau trennte, betrug 36 Jahre, was kaum dazu beitrug, ein partnerschaftliches Verhältnis zwischen den beiden Eheleuten wachsen zu lassen. Auch mögen sich mit den höheren Jahren Peter Antons autoritäre Neigungen verfestigt haben; der plötzliche Tod Maximilianes war an seiner inneren Verhärtung womöglich beteiligt. Jedenfalls gingen in Frankfurt mancherlei Gerüchte über den gestörten Ehefrieden im Haus «Zum Goldenen Kopf» um, wie die Frau des Rates Crespel ihrem Mann mitteilte: «Gestern in der Montagsgesellschaft hörte ich: bei dem Brentano wäre Alles in Zank, die Kinder äßen allein, und ob es wahr ist, weiß ich nicht.» Ein reichliches Jahr nach der neuerlichen Eheschließung kam ein Knabe zur Welt, der nur eine Woche lebte. Bettine und drei ihrer Schwestern wurden indessen auf das Geheiß des Vaters in ein Klosterpensionat im kurmainzischen Fritzlar unweit von Kassel gegeben.

Die Aufregungen der letzten Zeit waren an Peter Anton Brentano weniger spurlos vorübergegangen, als er es sich selbst wohl eingestand. Zu den Zwistigkeiten mit der viel jüngeren Gattin und dem Unmut über den Sohn Clemens, der die verhaßte Kaufmannslehre abbrach, kamen Sorgen ganz anderer Art. Als Sympathisant und Geldgeber der

Pariser Emigranten mußte Brentano die Vergeltungsmaßnahmen der französischen Revolutionstruppen gewärtigen, als sie ins Rhein- und Maingebiet einfielen, was ihn schon einmal, noch in der letzten Lebenszeit Maximilianes, zum fluchtartigen Verlassen Frankfurts bewogen hatte. Anfang März 1797 wurde er von einem hitzigen Gallenfieber befallen, das ihn, nach einer scheinbaren leichten Besserung, binnen weniger Tage dahinraffte. Er starb nach kurzem Krankenlager, zum Schrecken der ganzen Familie, jedoch ohne spürbare Folgen für die Firma, die schon seit

Jahren der Leitung des fähigen Sohnes Franz anvertraut war. Als er am 9. März 1797 das Zeitliche segnete, hatte er zwanzig Kinder gezeugt, von denen ihn dreizehn überlebten. Das letzte von ihnen, der Sohn August, kam gar erst am 20. Juli 1797 zur Welt, so daß zum Zeitpunkt von Peter Anton Brentanos Tod Frau Friederike bereits wieder im vierten Monat schwanger war. Sie heiratete später den

Freiherrn Christoph von Stein zum Altenstein und zog auf dessen Schloß Pfaffendorf in Franken, wo dann der kleine August aufwuchs.

Nachdem der Verstorbene in der Frankfurter Karmeliterkirche neben seinen beiden ersten Frauen bestattet worden war, stellten die Erben ein detailliertes Inventar der Hinterlassenschaft zusammen:

1. Haus «Zum Goldenen Kopf» in der Großen Sandgasse, übernommen von dem ältesten Sohn Franz, nebst Messladen auf dem Römerberg   45 000 Gulden
2. Barschaft   21 486 Gulden
3. Wechsel   26 000 Gulden
4. Handlungswaren   134 473 Gulden
5. Mobilien, Preziosen und Silber   8 784 Gulden
6. 231 Obligationen, darunter 188 k. k. österr. Obligationen zu 4 1/2 und 13 desgleichen zu 5 %   282 600 Gulden
7. Handlungsausstände, gute wie schlechte   647 464 Gulden
8. Sonstiges   26 892 Gulden

In Summa: 1 192 699 Gulden

Davon gingen an Handlungsschulden 154 004 Gulden ab sowie an Vergütung für den Sohn Franz als Geschäftsführer nochmals 29 266 Gulden. Das von dem Erblasser eingebrachte Vermögen betrug 40 000 Gulden, das seiner drei Frauen lediglich 12 392 Gulden; die Errungenschaft bestand in 779 150 Gulden. Die Schuldscheine der französischen Gläubiger und die Anteile an den großväterlichen Grundstücken in Tremezzo waren dabei nicht mitgerechnet.

Nach damaligem Verständnis war das ein gewaltiges Vermögen, das etwa dem Sohn Clemens ermöglichte, von den Zinsen des ihm zugefallenen Erbteils bis ans Ende seiner Tage zu leben. Aus der Sicht der Nachwelt zählt jedoch

noch weit mehr, daß mit den Kindern Peter Anton Brentanos und seiner drei Frauen die Generation der Familie auf dem Plan erschien, deren Wirken für die deutsche und europäische Kultur auch mit dem Maßstab des größten irdischen Besitzes überhaupt nicht zu messen ist. Und für sie alle blieb Goethe, der unvergeßliche Freund Maximilianes, das zentrale Gestirn.

«Wir sind nun Waisen, und nur Treue, nur Übereinstimmung guter und edler Gesinnungen können uns zusammenhalten, können uns eine glückliche Zukunft versprechen. Wir haben alles verloren, wenn wir nur im mindesten die Achtung und Liebe, die wir füreinander zu fühlen imstande sind, erkalten lassen», schrieb Clemens nach dem Tode des Vaters an seine Schwestern. Und weiter: «Laßt uns Gott danken, daß er uns Franz und Georg gab, laßt uns ihnen dankbar und Lohn für ihre Sorgen werden, und bittet Gott mit mir, daß er uns alle zum Guten leite und auch mich, teure Geschwister, einst eine Stütze der Familie, einen guten, nützlichen Bruder werden läßt.» Selbst die eigensinnigen Individualisten unter den Brentano-Geschwistern, Clemens und Bettine, haben später immer wieder zur Familie zurückgefunden, und besonders der noble Franz blieb für sie stets die unangefochtene Autorität. So konnte die «kleine Republik», die sie trotz ihrer gegensätzlichen Temperamente zusammen bildeten, gemeinsam in eine neue Zeit eintreten und zu deren Selbstfindung bedeutende Beiträge leisten – die romantische Generation der Familie Brentano.

3. Kapitel:
Die romantische Generation

Schatz und Heiligtum der Familie – Franz und Antonia Brentano

In den frühen Morgenstunden der ersten Septembertage des Jahres 1814 genossen die Bewohner des Landgutes, das der Frankfurter Geschäftsmann Franz Brentano zu Winkel im Rheingau besaß, immer wieder den gleichen Anblick: ein Herr, etwa um die Mitte der Sechzig, wandelte gemessenen Schritts durch den mit Reben dicht bewachsenen Laubengang, der übrigens der längste nördlich der Alpen war. Der Herr trug einen weißen Flanell-Schlafrock, der nicht wenig zu seiner gravitätischen Erscheinung beitrug und ihn noch an der entferntesten Stelle des Laubenganges als weißen Punkt kenntlich machte. Er hatte beim Wandeln die Hände auf den Rücken gelegt und war sichtlich mit angestrengtem Nachdenken beschäftigt, dem der Anblick der nahezu reifen Trauben und des ruhig dahinfließenden Rheins förderlich zu sein schien. Auf Fragen reagierte er in der Frühe nur unwillig und beantwortete sie kaum. Die Kinder des Hauses wurden zu äußerster Stille angehalten und durften daher nicht auf dem Speicher spielen. Später, wenn der Gast den Schlafrock mit dem Promenierfrack vertauscht hatte, mußten ihn die Kinder auf kleineren Spaziergängen begleiten und Steine auflesen, die er ihnen mit einem Stock bezeichnete und dann mit einem Bergmannshämmerchen abklopfte. Nach der Untersuchung waren die Kleinen genötigt, die mineralogische Ausbeute hinter ihm herzutragen, was alles keineswegs dazu beitrug, daß sie die Verehrung teilen konnten, die ihre Eltern dem gebieterischen Besucher ganz offensichtlich entgegenbrachten.

Es war kein anderer als der sachsen-weimarische Geheimrat und berühmte Dichter Johann Wolfgang von Goethe, der – zum Entzücken des Ehepaares Brentano und zum Kummer seiner Kinder – eine Woche lang auf dem Weingut in Winkel logierte und von dort aus Landpartien in die

Umgebung unternahm: nach Schloß Johannisberg, Geisenheim und auf den Niederwald, zur Kaiserpfalz Karls des Großen in Niederingelheim, nach Rüdesheim und schließlich zur Sankt-Rochus-Kapelle über der Stadt Bingen, wo er unlängst schon einmal gewesen war und nun, in Gegenwart Frau Antonia Brentanos, beschloß, der Kirche ein Altarbild zu stiften. Daß auch sie, die attraktive Herrin der Brentano-Besitzungen, durch den hohen Gast gelegentlich irritiert wurde, hat sie erst viel später bekannt: «Er schöpfte sich immer seinen Teller schrecklich voll Speisen, die er aber meistens immer liegen ließ, ohne sie zu genießen, was mir als Hausfrau immer das unbehagliche Gefühl hervorrief, als sei ihm nichts gut genug zubereitet.»

Hingegen sprach Goethe «unsrem guten Rheinweine... ganz fürchterlich» zu, besonders dem Rebensaft des legendären Jahrgangs 1811, dem «Eilfer», den er auch poetisch besang. Überhaupt waren die Tage in Winkel nicht nur der Beschaulichkeit und der behaglichen Selbstbespiegelung gewidmet, sondern ebenso der Arbeit. In einem kleinen Kabinett, das ihm die Brentanos eingeräumt hatten, werkelte er am «West-östlichen Divan», für den er gerade in dieser Gegend unverlierbare Anregungen gewann, denn nicht weit von hier, in der Gerbermühle am linken Mainufer, lebte der Frankfurter Bankier Willemer, dessen Pflegetochter und junge Frau Marianne in die Wechselreden von Hatem und Suleika demnächst mit einstimmen sollte. So war der Aufenthalt in Winkel vergoldet durch die Gastfreundschaft eines generösen Mäzens, durch das Erlebnis einer von Kunst und Geschichte geprägten Landschaft und nicht zuletzt durch die eigene Produktivität, die sich unter solchen Eindrücken entfalten konnte. Kurz darauf begann Goethe seine Schilderung der «Rheingau-Herbsttage» mit

Goethes Schreibzimmer im Brentano-Haus zu Winkel, Rheingau.

Widmungsgedicht Goethes vom Neujahrstag 1815 im Stammbuch der Antonia Brentano.

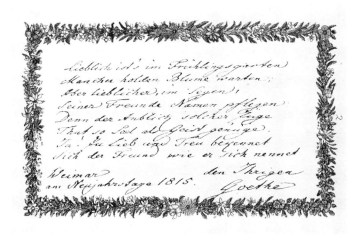

Lieblich ist's im Frühlingsgarten
Mancher holden Blume warten;
Aber lieblicher, im Segen,
Seiner Freunde Namen pflegen:
Denn der Anblick solcher Züge
Thut so Seel als Geist genüge.
Ja! In Lieb und Treu bekennet
Sich der Freund wie er sich nennet

Weimar   den Ihrigen
am Neujahrstage 1815   Goethe

Worten, die seinen dortigen Gastgebern gewidmet waren: «Das lebendige Schauen der nunmehr zu beschreibenden Örtlichkeiten und Gegenstände verdanke ich der geliebten wie verehrten Familie Brentano, die mir an den Ufern des Rheins, auf ihrem Landgute zu Winkel, viele glückliche Stunden bereitete./ Die herrliche Lage des Gebäudes läßt nach allen Seiten die Blicke frei, und so können auch die Bewohner, zu welchen ich mehre Wochen mich dankbar zählte, sich ringsumher, zu Wasser und Land, fröhlich bewegen.»

Im Frankfurter Stadthaus der Brentanos bewunderte Goethe die kostbare Bilder- und Kupferstichsammlung, die einst der Schwiegervater des Hausherrn im fernen Wien zusammengetragen hatte. Mehrfach speiste man auch miteinander und führte beschwingte Gespräche, so in Frankfurt sowie im «Adler» zu Wiesbaden. Später, nachdem er wieder in Weimar war, erhielt der Dichter von seinem Gönner Brentano manches Fäßchen mit dem hochgeschätzten Eilferwein übersandt. Dankerfüllt schickte der Olympier als Gegengabe an Frau Antonia ein Stammbuch, das er mit einem Widmungsgedicht eröffnete:

Und im Mai 1816 ließ er den Brentanos eine Ansicht von Frankfurt zugehen, radiert von Rosette Städel, der ältesten Tochter aus der ersten Ehe des Bankiers Willemer. Goethe hatte das Blatt höchsteigenhändig koloriert und wiederum mit einem sinnigen Vers versehen:

Wasserfülle, Landesgröße,
Heiterer Himmel, frohe Bahn!
Diese Wellen, diese Flöße
Landen auch in Winkel an.
W. d. 5. May 1816   Goethe

Franz Brentano, der reiche Kaufmann, kannte aus frühen Kindheitstagen den Dichter, der damals noch nicht die zeremonielle Exzellenz, sondern der Hausfreund von Brentanos Stiefmutter Maximiliane gewesen war. Während das einstige Sturm-und-Drang-Genie in Weimar zum Minister, zur literarischen Zelebrität und neuerdings zum Weltweisen aufstieg, ging Franz im heimischen Frankfurt seinen Weg, der ihm durch die väterliche Firma vorgezeichnet war. Noch zu Lebzeiten des Vaters übernahm er die Leitung der Geschäfte, die er mit Tatkraft und Fortüne

Rosette Städel, eine Tochter aus der ersten Ehe des Bankiers Willemer, zeichnete diesen Blick auf Frankfurt, von der Gerbermühle aus gesehen. Goethe versah die kolorierte Radierung mit eigenhändig geschriebenen Versen.

noch auszubauen vermochte. Dem Handelshaus schloß er eine Bank an, der er zusammen mit seinem jüngeren Halbbruder Georg vorstand. Als nach dem Ende des alten ständischen Stadtregiments die Mitwirkung der Katholiken an der kommunalen Verwaltung möglich wurde, avancierte Franz in hohe Ämter. Die Frankfurter wählten ihn zum Schöffen und Senator, so daß er nun auf das Kirchen- und Schulwesen Einfluß nehmen konnte. Als er die Fünfzig überschritten hatte, galt er als einer der angesehensten und mächtigsten Bürger der Freien Stadt Frankfurt, die gleichzeitig Mitglied und Sitz des Deutschen Bundes geworden war.

Die öffentliche Geltung Franz Brentanos war nur die jedermann sichtbare Fortsetzung des Ranges, den er in der weitläufigen Familie einnahm. Anton, sein einfältiger älterer Bruder, kam weder für die Leitung der Firma noch für die Ausübung familiärer Autorität in Betracht. So wuchs der 1765 geborene Franz von Anfang an in die Rolle des Kronprinzen und damit des späteren Oberhauptes der Dynastie hinein. Als der Vater, erst zweiundsechzigjährig, starb, akzeptierten die noch minderjährigen Geschwister die beherrschende Stellung des Bruders – manchmal insgeheim murrend, aber doch meistens ohne lauten Widerspruch. Er verwaltete die ihnen zugefallenen Erbteile, ließ diese zunächst im Geschäft stehen und war so auf deren Mehrung bedacht. Zugleich kümmerte er sich engagiert um die Gestaltung der Zukunft seiner Schwestern, für die er als Vormund verantwortlich war. Daß er dabei als Kaufmann und sorgfältig kalkulierender Kenner der irdischen Verhältnisse verfuhr, entsprach dem Teil der Welt, den er souverän überblickte. Nichts wäre billiger, als ihn nur aus der Sicht der romantischen Außenseiter zu beurteilen, von denen es unter seinen Geschwistern einige gab. Auch für die Individualisten unter ihnen, die schließlich in Literatur

und Kunst entliefen, besaß er immerhin Verständnis und Großzügigkeit.

Marianne von Willemer, die Suleika des «West-östlichen Divans», kannte die Brentanos fast alle als ausgeprägte Persönlichkeiten, wie sie Goethe, der es ohnehin wußte, in einem Brief bestätigte: «Jedes ist in seiner Art ein, wo nicht bedeutend, doch scharf ausgesprochener Charakter, und sie versetzen sich gegenseitig so viele Püffe und Hiebe, daß sie es nicht lange miteinander aushalten.» Franz Brentano sorgte bis ans Ende seiner Tage dafür, daß sie es doch «lange miteinander ausgehalten» haben. Die Familie, die in ihrer romantischen Generation höchste geistige Bedeutung und Präsenz erreichte, wäre nicht denkbar ohne die integrierende Kraft dieser Vaterfigur, die gleichzeitig ein sparsamer Haushälter und ein generöser Weltmann war.

Hinter seinem Rücken konnte es geschehen, daß die unmündigen Schwestern die «Neckereyen» des Bruders beklagten, wie etwa die schöne Meline, die aber, wenn sie einen solchen Tadel laut werden ließ, sogleich in Selbstvorwürfe verfiel, «weil er doch so gut ist». Mag sein, daß er sich gelegentlich die Attitüde des autoritären Alleinherrschers anmaßte oder doch für einen solchen gehalten wurde, wenn er Bettine kurzerhand den Besuch bei dem kranken Hölderlin verbot: «Du bist nicht recht gescheut, was willst Du bei einem Wahnsinnigen? willst Du auch ein Narr werden?» Die derart der lenkenden Hand des Vormundes ausgesetzte Bettine hat es nicht daran gehindert, ihn später ihren «liebsten Bruder» und «einen Mann von entzückender Milde, Heiterkeit und Güte» zu nennen.

Besonders prekär war das Verhältnis zu dem unruhig schweifenden Clemens, der ihn denn auch als den «unverständigen, guten, geizigen, lieben Franz» apostrophierte. Immerhin verwaltete der als geizig verschriebene Bruder das

Antonia Brentano, geb. Edle von Birkenstock (1780–1869). Unbezeichnete Miniatur aus dem Jahr 1798, in dem sie und Franz Brentano heirateten.

Erbe des Clemens so umsichtig, daß er sein Leben lang von den Zinsen zehren konnte, ohne je auf Honorare und andere Einkünfte angewiesen zu sein. Sogar die beträchtlichen Bücherrechnungen, die er von seinen Streifzügen durch deutsche Antiquariate nach Hause schickte, wurden von den Frankfurter Konten abgesetzt. Als sich dann Franz, an der Schwelle des Alters stehend, von den Geschäften zurückzog, schrieb ihm der ebenfalls mühselig zur Ruhe gekommene Clemens einen schönen Brief, in dem er alles das resümierte, was der ältere Bruder für ihn und die anderen Geschwister geleistet hatte: «Du warst mir bis jetzt von Jugend auf, nach einem aus der frühesten Jugend vererbten Gefühl, der Vater, die Familie, das Hab und Gut, Du warst mir der Schatz und das fruchtbringende Heiligtum der Familie... Nun, da Du Dich in Dein Kämmerlein zurückziehst, ist mir alles tot und leer, und ich fühle mich zum ersten Male wirklich verwaist.»

Franz zur Seite stand seine aparte Frau Antonia, geborene Edle von Birkenstock, die aus Wien stammte, wo ihr Vater unter Maria Theresia und Joseph II. das Schul- und Erziehungswesen modernisiert hatte. Die charmante wienerische Schönheit mit der Haltung einer Königin und der Sensibilität einer Kunstkennerin galt unangefochten als die First Lady der Familie Brentano. Der Schwager Clemens, der für weibliche Reize sehr empfänglich war, schilderte ihr «schlankes, sanftes, weißes Bild» in seinem Roman «Godwi»: «Von den Stürmen der andern verschlagen, lege ich mich oft vor dieser friedlichen, ruhigen Insel vor Anker, und der kleine Anker von Jaspis, der an ihrem Halse hängt, mit seinen sanft wogenden, tiefen, stillen Gründen, hat sich oft so mit meinen Tauen verstrickt, daß ich kappen mußte, um wegzukommen.»

Seit ihren in Wien verbrachten Kindheits- und Jugendtagen war sie eng mit Beethoven verbunden, der diese Freundschaft später auch auf Franz ausdehnte. Als das Ehepaar Brentano von 1809 bis 1812 in der Kaiserstadt an der Donau lebte, um den Hausstand des verstorbenen Edlen von Birkenstock aufzulösen, waren die Beziehungen zu Beethoven so eng, daß das Gerücht aufkommen konnte, sein ergreifender Brief an die «unsterbliche Geliebte» sei an Frau Antonia gerichtet gewesen. Franz hat den finanziell bedrängten Meister mehrfach unterstützt, dessen Empfindungen für das Paar aber nicht nur vom Dank für erwiesene materielle Wohltaten bestimmt waren. Der Weggang

Vorhergehende Doppelseite:
Franz Brentano (1765–1844), Schöffe und Senator der Freien Stadt Frankfurt. Ölbild des bayerischen Hofmalers Joseph Stieler, 1808 (links). Antonia Brentano, geb. Edle von Birkenstock, mit Turban. Ölbild von Joseph Stieler (rechts).

Saal im Brentano-Haus zu Winkel, Rheingau.

«meiner besten Freunde in der Welt», wie er die Brentanos einmal nannte, bedeutete für ihn einen menschlichen Verlust, der nicht auszugleichen war. Nach Frankfurt schickte er ihnen «einen Kupferstich, auf dem mein Gesicht abgedruckt ist»: «Manche wollen auch die Seele darauf deutlich wahrnehmen, ich lasse es dahingestellt sein.» Später widmete er der Brentano-Tochter Maximiliane die Klaviersonate E-dur op. 109 und noch 1823, vier Jahre vor seinem Tod, Frau Antonia die Diabelli-Variationen op. 120.

Der Aufenthalt in Wien hatte vor allem der Versteigerung der kostbaren Hinterlassenschaft von Antonias Vater gegolten: einer wertvollen Bibliothek sowie einer kaum überschaubaren Sammlung von grafischen Blättern, Gemälden und anderen Altertümern. Viele davon gelangten auf eine Auktion, bei der auch der leidenschaftliche Bibliophile Clemens einige rare Drucke ersteigerte. Die besten Stücke der Kollektion wurden jedoch mit nach Frankfurt genommen, ungefähr zweihundert Gemälde und siebentausend Kupferstiche, darunter Bilder von Dürer, Holbein, Schongauer und eine «Kreuzabnahme» von Anthonis van Dyck. Am Anblick der Radierungen Rembrandts und, als einer besonderen Attraktion, des vollständigen Werkes von Marc Antonio Raimondi erbaute sich dann auch Goethe, als er das Haus «Zum Goldenen Kopf» besuchte. Franz und seine kunstsinnige Frau haben dort die Sammlung noch um einige Prunkstücke erweitert.

Eine heitere Gegenwelt zum Frankfurter Stadthaus erschuf sich das Paar auf dem Landgut in Winkel, das ein Ort des kultivierten Gesprächs, der zwanglosen Begegnung und der bukolischen Freude an der Landschaft sein sollte. Goethe, der Gast der denkwürdigen Septembertage von 1814, war der einzige Bewohner, der dort gearbeitet hat, wenn man von den Landmännern und Tagelöhnern absieht, die den Weinbau in Schwung halten mußten. Wie

später vermutet wurde, ist das zweistöckige Haus mit dem mächtigen Mansardendach Mitte des 18. Jahrhunderts auf einem römischen Fundament errichtet worden. Die möglicherweise bis in die Antike zurückreichende Vergangenheit lebte wieder auf, als die Brentanos das Anwesen übernahmen und es mit ihrem Verständnis gepflegter Geselligkeit zu erfüllen begannen. 1806 gelangten Haus und Gut in den persönlichen Besitz von Franz Brentano – etwa in der Zeit, in der sich unweit davon, am Ufer des Rheins, aus Liebesschmerz die junge Dichterin Karoline von Günderrode erstach, deren Lebensmythos später Bettine ausspann. Erst zwei Jahre darauf fand dann die «Auswanderung ins Rheingau» statt, wie Bettine den Umzug der Verwandten in die Sommerfrische fröhlich nannte: die Damen der Familie Brentano zu Schiff nebst Hausgerät, Möbeln, Betten, Gardinen und Bildern, nicht zu vergessen drei Zimmermädchen und ein Klavier.

Alte Ansicht des Brentano-Hauses zu Winkel, Rheingau.
Federzeichnung von H. Landgrebe.

Geselligkeit im Brentano-Haus zu Winkel: Szene aus einer Liebhaberaufführung von «Julchens Hochzeit». Kolorierte Zeichnung von Ludwig Emil Grimm (oben).

Franz Brentanos Haus in der Neuen Mainzer Straße zu Frankfurt, erbaut von Karl Friedrich Schinkel. Ölbild (unten).

Ein Künstlerabend bei den Brentanos in Frankfurt. Karikatur von Ludwig Emil Grimm, dem Bruder von Jacob und Wilhelm Grimm.

Besaß nun der Senator Franz in Winkel sein ländliches Sanssouci, so mag ihm und mehr noch der wienerisch gestimmten Frau Antonia das Haus «Zum Goldenen Kopf» zunehmend dumpf, finster und unwirtlich vorgekommen sein, jedenfalls nicht so repräsentativ, wie es einem hohen Würdenträger der Freien Stadt Frankfurt und erfolgreichen Geschäftsmann wohl anstand. Auch erheischten die vom Vater Birkenstock ererbten Sammlungen ein weitläufigeres Domizil. Im vornehmsten Viertel des damaligen Frankfurt, in der Neuen Mainzer Straße, ließ sich Franz sein Stadtpalais errichten, für das er die Pläne bei keinem Geringeren als dem königlich-preußischen Oberbaurat Karl Friedrich Schinkel bestellte. Ein Haus seines Sohnes Georg kam dazu, dann zog der Municipal- und Administrationsrat Anton Maria Brentano-Gnosso in die Nachbarschaft, und schließlich etablierte sich daneben auch noch die Linie Brentano-Toccia. So war, mitten im Biedermeier, die Neue Mainzer Straße in Frankfurt schier zur Via triumphalis der Familie Brentano geworden!

«Sehr schön, ja prächtig» pries Franzens neues Stadtpalais der Kunstenthusiast Sulpiz Boisserée, dessen legendäre Sammlung altdeutscher Kunst, zu der er sogar den Klassizisten Goethe bekehrte, später den Grundstock der Alten Pinakothek in München abgab. Neben solchen Kennern erschienen freilich auch die Schwätzer und Philister, besonders während der allwöchentlichen Künstlerabende, die Frau Antonia veranstaltete. Der Maler und Zeichner Ludwig Emil Grimm, der jüngere Bruder der Märchensammler Jacob und Wilhelm, hat in seinen «Lebenserinnerungen» erzählt, wie etwa der Kunsthändler und Kupferstecher Prestel im tiefsten Frankfurterisch über die ausgebreiteten Schätze daherschwafelte: «Das is e Meisterstück! – Das is scheene War'! – Das ist nett bitter! – Das is en Druck! so schö, als mer sich'n nur winsche kann! Da hab ich Respekt

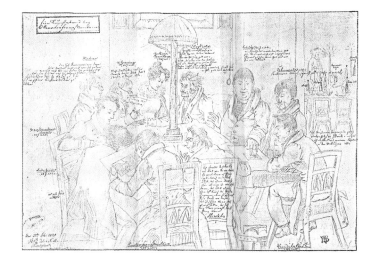

dervor! – Dazu gratulier ich Ihne, Herr Senator! – Gott woaß, das is en Druck vo Primasorte», wobei er, Grimm zufolge, mit der Zunge schnalzte. «Schöner kann mer nix sehn! – Da sehn Se mal, das hat kei Naar gemacht, da is Gang drin! – Das Blatt is mir schon oft durch de Händ' gegangen, aber so gut noch kei Druck, wie der da! – Ja, wie ich in London war! – Ich habe Ihne die Ehr ze sage! – Da geb ich Ihne mei Wort! – Das is von meim selige Vatter, es is das Schönste, was mer in der Manier sehn kann.»

Es spricht für den Humor der Frau Senatorin, daß sie dann Grimm beiseite rief und ihn dazu ermunterte, die unfreiwillig komische Szene als Karikatur zu verewigen: «Sehn Sie einmal die Gruppe an, wie sie sich disputieren, es wäre ja alles gut, wenn sie nur nicht so albernes Zeug schwätzten! Machen Sie doch eine Skizze von der Gruppe, ich will Ihnen das nächstemal ein Tischchen mit einer Lampe hierherstellen lassen; diese Gesichter und Figuren! Es gibt gewiß ein lächerliches Blatt!» Das Echo auf dergleichen Spottbilder war sehr geteilt: Achim von Arnim, der Gatte Bettines und Schwager des Senators, soll sich darüber geärgert haben, während der Reichsfreiherr vom und zum Stein davon Kopien anfertigen ließ. Der gescheiterte preußische Reformer, der nun grollend auf seinem Schloß im Westfälischen lebte, gab so immerhin zu erkennen, daß ihm nach dem Schiffbruch seines politischen Lebenswerkes eine gewisse höhere Heiterkeit nicht abhanden gekommen war. Wenn er nach Frankfurt kam, vergaß er nie, das Haus in der Neuen Mainzer Straße aufzusuchen, deren Herrin er einmal ins Stammbuch schrieb: «Nur wenigen ward das Glück wie mir, am Abend ihrer Tage noch das Wohlwollen einer edlen Frau wie Antonia Brentano erlangt zu haben.»

Zu Glanz und Respektabilität kamen allerdings auch Sorgen, etwa um den lebenslang kranken Knaben Karl oder um einen anderen Sohn namens Georg, der ein wenig sympathischer Leichtfuß gewesen sein muß und seinen Vater ständig in der Öffentlichkeit blamierte. Besonders Bettine konnte den Hallodri nicht leiden: «. . . dieser Mensch hat jährlich 3000 Gulden von seinem Vater, ohne das, was ihm die Mutter gibt, und dabei hat er das ganze Leben frei, er tut nichts auf dem Comptoir, hält sich mehrere Maitressen, ist meistens mit schändlichen Krankheiten geplagt, und würde, wenn's die Umstände erlaubten, sich vielleicht noch ärgerer Verbrechen schuldig machen, wenn es nämlich noch was Ärgeres gibt, als eines guten Vaters spotten.»

Überhaupt scheint mit den vorgerückten Jahren Franz und Antonia die Regie ein wenig aus den Händen geglitten zu sein, wenn es auch völlig unangemessen wäre, hier vom «Verfall einer Familie» zu reden. Bettine, die nur noch in größeren Zeitabständen von Berlin herüberkam, nachdem sie Frau von Arnim geworden war, besaß dafür aus weiterer Distanz einen unbefangenen und kritischen Blick: «In unserer Familie ist ein unseliger Stiefel *(denn Geist ist es nicht)* von Nichtigkeit eingerissen, keiner denkt, keiner weiß, keiner hat ein Bedürfnis zu wissen, was in der Welt

vorgeht; sie halten die freie Reichsstadt für den Mittelpunkt, ja für die Weltkugel selbst, und alles übrige für Staub und Dunst.» Auch der «alte Franz» bekam Bettines Schelte zu hören, da er nun offenbar die Gepflogenheiten der Stiefgroßmutter Sophie von La Roche übernahm und seinen Töchtern die Ehemänner aussuchte, die er für die richtigen hielt. So habe er, wie Bettine tadelte, der Tochter Fanny einen Bewerber – Herrn von Malchus, württembergischen Major, sogar katholisch – abgeschlagen, «weil er meint, Major sei kein Stand, und weil der Vater eine Zeitlang in westfälischen Diensten war». Selbst Antonia, sonst eine vorbildliche Mutter, würde den geradezu verzweifelt heiratslustigen Mädchen «durch üblen Humor, durch Ohrfeigen, durch Entziehung aller Erheiterungen» das Hausleben verbittern.

Gleichwohl hat Bettine dem Bruder Franz, obwohl er ihr doch einst den Besuch beim kranken Hölderlin verbot, ihre Solidarität erhalten und für seine Alterstorheiten in erster Linie andere Verwandte verantwortlich gemacht: «Christian und Clemens sind ganz verkehrt und behandeln den alten Franz auf sehr unwürdige Art.» Die beiden jüngeren Brüder, die in ihren späteren Jahren einem gewissen Dogmatismus verfielen, hätten das Familienoberhaupt in seinen starren Gesinnungen nicht nur unterstützt, sondern sie ihm erst eingeflößt. So tief war die Zuneigung Bettines zu dem brüderlich-väterlichen Patriarchen, daß er auch jetzt noch, während ihn gelegentlich seniler Eigensinn befiel, ihr «liebster Bruder» blieb!

Von den innerfamiliären Querelen drang kaum ein Wort in die Außenwelt, wo der greise Schöffe und Senator mit Recht als der Inbegriff eines in Ehren ergrauten Geschäftsmannes und Wohltäters galt. Als er am 28. Juni 1844 starb, bestatteten ihn die Frankfurter mit allem Gepränge, das sie einem verdienten Mitbürger zubilligten, in einer Gruft im

Franz Brentano auf dem Totenbett. Bleistiftzeichnung von Eduard von Steinle.

Dom. Mancher Teilnehmer an dem Trauerkondukt mag freilich mit seinen Gedanken mehr mit der unmittelbaren Gegenwart als mit der Ewigkeit beschäftigt gewesen sein, denn aus Schlesien kamen beunruhigende Nachrichten. Dort hatte preußisches Militär soeben den Aufstand der Weber niedergeworfen, und sogar Bettine, die Schwester des Toten, schrieb einen Tag, bevor Franz Brentano die Augen für immer schloß: «Allein den Hungrigen helfen wollen, heißt jetzt Aufruhr predigen ...»

Frau Antonia überlebte ihren dahingeschiedenen Gatten noch um ein Vierteljahrhundert – keineswegs zu ihrer ungetrübten Freude, da die Zeitläufte grausam mit alledem umgingen, was ihr teuer gewesen war. Sie erlitt Revolution und Revolutionsgeschrei, ohne jedoch unmittelbar davon betroffen zu werden. In die gedämpfte Zurückgezogenheit der Sechsundachtzigjährigen drang noch die Kunde von der Schlacht bei Königgrätz, nach der ihr geliebtes Österreich von den Preußen aus allen deutschen Angelegenheiten hinausgeworfen wurde, ja sie mußte es hinnehmen, daß die Stadt Frankfurt, die ihr zur neuen Heimat geworden war, den Preußen als Annexionsbeute zufiel und der überkommenen Freiheit verlustig ging. Sie, die aus dem alten Reich kam und Kindheitserinnerungen mit Kaiser Joseph II. verband, sah ein neues Reich heraufziehen, im Zeichen von Pickelhauben und Zündnadelgewehren, mit dem sie nichts mehr zu schaffen hatte. Van Dycks Gemälde «Die Kreuzabnahme Christi» vermachte sie, versehen mit dem Brentanoschen Familienwappen am Rahmen, dem Frankfurter Dom. Nach ihrem Tod am 12. Mai 1869 fand Antonia Brentano, geborene Edle von Birkenstock, im gleichen Gotteshaus die letzte Ruhestätte, neben ihrem Mann und ganz in der Nähe von van Dycks frommem Bild.

Bilder und Bildnisse spielten auch bei den Nachkommen des Ehepaares eine bedeutende Rolle, so bei dem Urenkel Max von Schillings, als er die Oper «Mona Lisa» komponierte. Fest im Familienbesitz blieb das Weingut in Winkel, wo Nachfahren die Zeugnisse einer großen Vergangenheit pietätvoll bewahren und noch immer den würzigen Wein anbauen, den schon Goethe schätzte – dem lebendigen Erbe der Familie Brentano verschworen bis auf den heutigen Tag.

Sophie Marie Therese Brentano. Gemälde eines unbekannten Künstlers, entstanden um 1798/99, der Zeit von Sophies Verlöbnis mit Graf Herberstein.

Rätsel eines Menschenlebens – Sophie Brentano

Vielleicht hat sich die Szene so ereignet, wie man sie aus dem zweiten Akt des «Rosenkavaliers» kennt: ein junges Mädchen erschien im Palais eines hochadeligen Herrn zu Wien, um dort eine ganz besondere Mission zu erfüllen. Mit der glanzvollen Umständlichkeit, wie sie das Zeremoniell am Wiener Hof und auch in den Kreisen der Hocharistokratie gebot, hielt das Mädchen für einen nahen Verwandten um die Hand der Tochter des Hausherrn an. In der Geschichte, die wir erzählen, trat die Brautwerberin aber nicht im silbernen maria-theresianischen Pagengewand auf, sondern im schlichteren Kleid einer jungen Dame der letzten Jahre des 18. Jahrhunderts. Sie überreichte auch keine silberne Rose, jedoch einen Brief ihres Bruders, des Geschäftsmannes Franz Brentano zu Frankfurt am Main, der willens war, mit Mademoiselle Antonia Johanna Josefa, Tochter des Johann Melchior Edlen von Birkenstock zu Wien, in den heiligen Ehestand einzutreten. Daß das Fräulein, das der ferne Bruder als seine Fürsprecherin entsandt hatte, nur ein Auge besaß und über der Höhle des fehlenden anderen eine schwarze Kappe trug, minderte merkwürdigerweise nicht den Charme, der von ihr ausging, sondern steigerte ihn vielmehr auf eigentümliche und faszinierende Weise.

Sophie Brentano, die Werberin ihres Halbbruders Franz Brentano, war im Alter von vier Jahren das Opfer eines Unfalls geworden. Sie hatte sich beim Spielen ein Auge ausgestochen und litt seither unter Kopfschmerzen, mußte sich auch beim Schreiben und Lesen immer wieder Zurückhaltung auferlegen. Das von brünetten Locken umrahmte Gesicht mit den mehrfach bezeugten «dicken, roten Backen» und dem «Rosenmund» erfuhr durch das Gebrechen aber keine Verunstaltung, sondern eher die Erhöhung zu einer

sonderbaren Schönheit, die freilich maskenhaft geblieben wäre ohne die gewinnende Anmut, die das Wesen des Mädchens auszeichnete. Das Schicksal der Einäugigkeit bedrohte sie allerdings früh, körperlich und mehr noch seelisch, mit dem Absturz ins Bodenlose, was ihr Bruder Clemens später zu einem düsteren Bild verdichtete:

«Hinan, hinan!» hört ich die Schwester sagen,
«Ein Auge schließ ich auf der Leiter Sprossen,
Daß mich der tiefe Abgrund nicht ergrause.»
Sie wußte nicht, daß beide sie geschlossen.

Der ganze Zauber ihrer anziehenden Persönlichkeit, ihre hohe Bildung und Intelligenz haben Sophie Brentano nicht davor bewahren können, ihr kurzes Leben zu verfehlen. Die von der Großmutter La Roche gepredigte Empfindsamkeit, in der auch sie selbst noch wurzelte, war für sie kein geeignetes Instrumentarium mehr, um damit die existentiellen Nöte des eigenen Daseins zu beschwichtigen. Ebensowenig konnte sie sich dem romantischen Aufbruch zum uneingeschränkten Kult des subjektiven Gefühls anschließen, wie ihn der Bruder Clemens und seine Gefährten zu ihrer Sache machten. Das Kind eines literarischen Zeitalters war sie mit allen seinen Vorzügen und Gefahren. Sie schrieb ihre Briefe in einem beschwingten, höchst subtilen, bisweilen geradezu poetischen Deutsch, ohne immer der Gefahr einer angestrengten Stilisierung und labyrinthischen Psychologisierung der Wirklichkeit zu entgehen. Die Summe ihrer kurzen Erdentage zog sie unmittelbar vor deren Ende, als sie den Satz niederschrieb: «Nie löst der Verstand das Rätsel des Menschenlebens.» Vor dem Hintergrund dieser Verrätselung ihres Lebens, die sie mit wachsender Verwirrung empfand, treten der Charme von

Sophies Wesen und auch jene Wiener Brautwerbung nur um so bewegender hervor.

Sophie Marie Therese kam am 15. August 1776 in Ehrenbreitstein zur Welt, wohin sich ihre Mutter Maximiliane wieder zur Entbindung begeben hatte. Der Verlust des einen Auges, den sie mit vier Jahren erlitt, und der Tod der Mutter, den die Siebzehnjährige hinnehmen mußte, haben sie zeitig mit den dunklen Seiten des Daseins konfrontiert, obwohl Verwandte und Freunde ihre heitere Anmut und Lebhaftigkeit rühmten. Davon mag auch ein Chevalier St. Paterne gefesselt gewesen sein, ein französischer Emigrant, der in Sophie zum ersten Male eine tiefe Zuneigung wachrief. Damals warb der fast vierzigjährige verwitwete Bankier Johann Jakob von Willemer um sie – ein Ansinnen, das von dem jungen Mädchen mit erstaunlichem Selbstbewußtsein zurückgewiesen wurde: «Sie kennen nun den Zustand meiner Seele; Sie sehen, daß ich höchstens ruhige Freundschaft anzubieten habe, und Sie werden mir beitreten, wenn ich behaupte, daß auch diese unter uns beiden mehr Bitteres als Süßes haben würde.» Der Stachel in der Wunde ihrer Seele, von der sie ebenfalls in dem Brief sprach, wurde kaum von jemandem wahrgenommen. Mit dem Bruder Clemens und den anderen Geschwistern korrespondierte sie geistreich und anspruchsvoll, manchmal auch altklug, was wohl auf den Einfluß der Großmutter zurückging. In der Familie und im Frankfurter Bekanntenkreis nannte man sie «die Lieblichkeit».

Nach dem Tod des Vaters reiste Sophie im Herbst 1797 mit der Stiefmutter Friederike nach Wien, um dem Bruder Franz, der nunmehr Doyen der Familie Brentano geworden war, die Braut zu gewinnen. Dieser Aufgabe entledigte sie sich mit Witz und Eleganz, wodurch sie auch sonst in den Kreisen der Wiener Gesellschaft auffiel. Sie genoß mit der Unbekümmertheit der Jugend das Treiben in der Donau-

metropole, tanzte im Großen Redoutensaal der Hofburg, schwelgte in den Theatern, unternahm Spazierfahrten im Prater, kokettierte mit manchem Kavalier und fand Zutritt ins Haus des jüdischen Bankiers Nathan Adam von Arnstein, dessen Gattin Fanny am Graben einen glänzenden Salon führte. Deren Tochter, die hübsche siebzehnjährige Henriette, wurde ihre Vertraute.

In Arnsteins Palais lernte Sophie den Mann kennen, der ihrem Leben eine neue und verhängnisvolle Richtung geben sollte: den Grafen Joseph Anton Franz von Herberstein-Moltke, der bereits die Vierzig erreicht hatte und ein mimosenhafter, schwankender Charakter gewesen sein muß. Später, lange nach dem Ende seines unseligen Verhältnisses mit Sophie, bespitzelte er auf dem Wiener Kongreß die auswärtigen Gäste und rückte noch zum Präsidenten der k.k. Hofkammer auf. Was die kluge Frankfurterin so schnell an ihn band, ist kaum nachvollziehbar. Es können nicht allein der «angenehme Mund» und die «süßen blauen Augen» gewesen sein, von denen sie schwärmte. Auch scheint sie sich gegen die aufschießende Leidenschaft gewehrt zu haben. Vielleicht war sie von der distinguierten Lebensart oder von der schmeichelnden Beredsamkeit Herbersteins geblendet, die mehrfach bezeugt ist. Der Graf seinerseits hat Sophie möglicherweise tatsächlich geliebt, aber er war viel zu schwach, als daß er die unstandesgemäße Heirat bei seiner Mutter hätte durchsetzen können. In einem langen Werbebrief, der unter seinen Händen zu einem kuriosen «Journal» voller Liebesschwüre, Selbstzweifel und Vorbehalte anwuchs, suchte er der Geliebten seine Gefühle zu erklären, indem er ihr gleichzeitig erläuterte, daß er sie nicht verdiente. Sophie war viel zu intelligent, als daß sie nicht die Unsicherheit dieses verspäteten Rokoko-Hamlet wahrgenommen hätte, aber gegen die Macht der Emotionen schien sie wehrlos zu sein. Deprimiert gestand sie einer Freundin: «Was ist aus mir geworden? Ein schwaches, kindisches Wesen, eine alberne Träumerin; das ist jetzt die gepriesene Sophie, die man hier für ein seltenes Geschöpf hält.»

Bei ihrer Rückkehr nach Frankfurt im Sommer 1798 galt sie allenthalben als die Verlobte des Grafen, der jedoch nichts unternahm, um dem gegenseitigen Versprechen die Ehe folgen zu lassen. Sophies Gedanken gingen wieder nach Wien, das ihr mitsamt dem Bräutigam immer unerreichbarer zu werden schien: «Die liebe Donau! Wie oft sehne ich mich nach ihren Ufern; nach den Herzen, die ich mir dort erworben habe!» Bald mußte sie begreifen, daß die Hoffnung auf den Lebensbund mit dem Verlobten ihr die frühere Geborgenheit in der eigenen Familie geraubt hatte. Wien und Herberstein waren fern, ihren alten Platz unter den Brentanos vermochte sie nicht mehr zu finden: «Unser Haus gleicht einem Gasthof, wo ein fremder Einwohner dem andern Platz macht. Eine Menge Menschen, die nicht das geringste Interesse für mich haben, kommen von allen Ecken der Welt, um mir meine Zeit zu nehmen und alle meine Beschäftigungen zu stören.» Dabei rühmten Geschwister und Freunde noch immer ihre «Lieblichkeit» und gute Laune, während ihr die Schwermut schon über den Kopf zu wachsen drohte.

Damals wurden ihre Briefe, wie die Epoche es liebte, herumgereicht und auch von Menschen bewundert, die Sophie nie kennenlernen sollten. Lea Salomon, die Berliner Freundin der Henriette von Arnstein und spätere Mutter Felix Mendelssohn Bartholdys, war von der Grazie des Ausdrucks hingerissen, den sie in diesen Briefen fand: «Ich habe sie nie gesehen und liebe sie doch bis zur Anbetung. Aus Beschreibungen meiner Freundin Henriette und aus Briefen kenne ich sie. Man pflegt das Talent des Briefschreibens allen Frauenzimmern beizulegen; aber wenn

Wielands Landgut in Oßmannstedt. Zeichnung von N. Ernst, um 1910.

Leichtigkeit den meisten diesen Lobspruch zugezogen hat, so gibt's noch gar viele Abstufungen und schönere Eigentümlichkeiten, die Sophie im höchsten Grade besitzt.»

Daß sie für Eingeweihte noch zu Lebzeiten zum Inbegriff weiblicher Anmut wurde, zeigt nur, daß selbst ihr nahestehende Freundinnen wie Henriette von Arnstein die Abgründe unter der faltenlosen Prosa ihrer Briefe kaum bemerkten. Im Sommer 1799 begleitete die Enkelin ihre Großmutter auf der Fahrt zu Wieland nach Oßmannstedt, dessen ländliche Kleinwelt wie eine Idylle anmutete. Da war nichts von der Betriebsamkeit Frankfurts oder vom verführerischen Flair Wiens, sondern nur ein heiterer Greis, der mit abgeklärter Resignation die Ernte seines Lebenswerkes einfuhr. Auf die Zudringlichkeiten der alten Jugendfreundin La Roche reagierte Wieland mit ironischer Reserve, hingegen nahm ihn der eigentümliche Zauber Sophies schnell gefangen. Auf langen Spaziergängen an der Ilm erzählte er dem Mädchen von dem großen Altersroman «Aristipp», an dem er gerade arbeitete. Die Gestalt der

Dieses Bild (links) wurde lange für ein Portrait von Bettine Brentano gehalten. Jetzt neigt man dazu, in der dargestellten jungen Dame Sophie Brentano zu sehen: die linke Gesichtshälfte, wo sich Sophies verletztes Auge befand, ist dem Bildbetrachter abgewendet. Pastell.

Illustration zu Wielands Roman «Aristipp». Kupferstich von Friedrich John nach einer Zeichnung von Heinrich Friedrich Füger, 1802 (rechts).

schönen Lais, die im Zentrum des Buches steht, hat in der Folge einige Züge der jungen Frankfurterin erhalten, wenn ihr etwa Aristipp gesteht: «Ja, ich würde schon mit *einem* deiner Augen zufrieden sein, wenn ein Maler in der Welt wäre, der den Blick hinein oder vielmehr heraus malen könnte...»

Von Oßmannstedt aus besuchte sie zusammen mit der Großmutter den gefeierten Goethe in Weimar, der ihr «kalt und trocken» vorkam. Mehr berührte sie eine Visite bei Schiller in Jena, dem sie übrigens gemeinsam mit Susette Gontard, Hölderlins Diotima, ihre Aufwartung machte. Über die beim Dichter des «Don Carlos» verbrachte Stunde berichtete sie unmittelbar darauf der Wiener Vertrauten Henriette: «...er führt ein Heer Geister in seinem Gefolge, die ihn mit einer seltsamen Magie umgeben. So ungefähr wirkte seine lange hagere Gestalt, sein blasses überirdisches Gesicht und sein stilles Wesen auf mich. Ein wenig mehr Milde und Grazie, und er würde mir Emmanuel im Hesperus [von Jean Paul] sein; so aber entdeckt man sogleich Melpomenens Dolch in seiner Rechten, und König Philipp scheint ihn aus Rache angehaucht zu haben.» Die Ahnung des Tragischen, die sie bei der Begegnung mit Schiller empfand, bestätigte wohl nur zu nachdrücklich die Unauflösbarkeit der Dissonanzen des eigenen Daseins.

«Mehr Milde und Grazie» fand sie bei Wieland, den sie bis auf «den Grund ihrer Seele» schauen ließ. Zum ersten und einzigen Male erschien in ihrem kurzen Leben ein Mann, dem sie sich rückhaltlos öffnen konnte, ohne daß die Verwirrungen des Eros beteiligt waren. Sie nannte ihn fortan ihren «liebenswürdigen Vater», bei dem sie «den besten Teil ihres reinen Ichs» zurückließ, als sie heim in die Fremde nach Frankfurt fuhr. Es begann nun ein lebhafter Briefwechsel, dem Wielands «liebe Seelentochter» wenigstens einige Andeutungen der Konflikte anvertrauen konnte, die sie quälten.

Es ist merkwürdig, daß weder die Frankfurter Bekannten noch der sonst so hellhörige Bruder Clemens den Zwiespalt erkannten, der Sophie zerriß. Während sie für die erotischen und beruflichen Konfusionen des Bruders immer ein Ohr hatte und sich teilnehmend darauf einstellte, war er mit sich selbst beschäftigt und wollte in der Schwester nur ein «schönes Kunstwerk» sehen, das keiner Hilfe bedurfte. Auch der junge Schriftsteller Joseph Görres, der sie oft traf, ließ sich von ihrem harmonischen Gleichmut täuschen und stellte die fatale Gleichung auf: «Sophie: Aufhebung des Kampfes zwischen Kopf und Herz durch gänzliche Unterordnung des letztern unter den erstern.» Das Urteil erfaßte lediglich die Haltung, die sie gegenüber der Umwelt herauskehrte, nicht aber ihren wirklichen seelischen Zustand. Zum Schatten Herbersteins, der weiterhin durch seine endlos wankelmütigen Briefe geisterte, kam jetzt ganz in der Nähe ein anderer Mann, dem unerwartet der Schlüssel zu Sophies Lebensrätsel in die Hände fiel und der sie damit doch nur in noch größere Desillusionierung stürzen sollte.

Sie kannte den um acht Jahre älteren Frankfurter Bankier Simon Moritz von Bethmann seit langem, denn er war mit der Familie Brentano befreundet. Sie schätzte ihn als glänzenden Gesellschafter und wohl auch als gutaussehenden Mann, der in den Salons reüssierte. Etwa um die Jahrhundertwende 1799/1800 muß Sophie die Gewißheit erlangt haben, daß Bethmann sie liebte, was ihre Wirrsale im Hinblick auf das schwebende Verhältnis mit Herberstein nur noch erhöhte. Mitten in dieser Krise begann sie Anfang Januar ein Tagebuch, dem sie den Titel «Mein Jahr 1800» gab: es wurde zum Gefäß ihrer trügerischen Aufschwünge, Geständnisse, Zweifel und entmutigenden Gewissenserforschungen. «Nein, länger kann ich nicht zweifeln! B. liebt mich . . . konnte sein Blick beredter sein?» notierte sie da, und weiter: «Ach! wäre er nie erschienen, dieser gefährliche Moment, wo ich mit schmerzlicher Gewißheit fühlte, was B. mir sein könnte.» Vielleicht unter dem Eindruck von Bethmanns imponierender Persönlichkeit, mehr aber wohl mit der lange aufgestauten Sehnsucht nach einer Neuordnung ihres Lebens schrieb sie dem Grafen Herberstein einen Absagebrief, der freilich eine larmoyante Antwort des endlich Abgewiesenen zur Folge hatte.

Inwieweit Bethmann dem Mädchen seine Zuneigung frivol vorgegaukelt oder ob Sophie die routinierten Bekundungen des Weltmannes zu ernst genommen hat, wird ihr am Ende selbst unerforschlich geblieben sein. Kurz nach Mitte Januar 1800 muß sie von dem Bankier erfahren haben, daß an eine Ehe mit ihm nicht zu denken, ja daß die ganze Affäre für ihn kaum mehr als ein unverbindlicher Flirt gewesen war. Am 19. Januar, mittags drei Uhr, schrieb sie in ihr Tagebuch, um es mit dieser Eintragung sogleich für immer abzubrechen: «Alle Hoffnung schwindet!

So kalt, so gleichgültig, so erstarrend kann auch die höchste Kunst einen Ton nicht stimmen, wenn das Herz lebhaft gerührt ist. B. liebt mich nicht. – Mich erschüttert dieser Gedanke, aber bald wird es nun besser werden. Ich werde nun ruhiger sein, sein Kommen und Gehen mir weniger Eindruck machen, sein Bild wird verbleichen, meine Sehnsucht, meine Wünsche, meine heimlichen Träume werden schwinden, Ruhe und Frieden werden in meine Brust zurückkehren, ich werde freier handeln.»

Es sollte eine ihrer letzten Illusionen sein, denn sie ahnte wohl, daß sie «Ruhe und Frieden» allenfalls bei Wieland, dem väterlichen Freund, finden konnte. Die Reise nach Oßmannstedt schien ihr die Besänftigung aller inneren Unrast zu verbürgen, aber erst in der zweiten Julihälfte traf sie dort ein. Noch einmal nahm sie die Idylle gefangen, wenn sie an Wielands Arm durch den Park schritt, der ihr in solchen Augenblicken wie ein delphischer Hain vorgekommen sein mag. Sie hörte vom Fortgang des Romans «Aristipp», las die ersten Kapitel und sollte sich zu Lais, der weiblichen Hauptfigur, äußern, die der Dichter immer deutlicher mit Zügen Sophie Brentanos ausstattete. An den warmen Augustabenden saß man im Freien, wo Sophie Märchen erzählte, um nachher allein lange durch die Felder zu schweifen. Im nahen Kapellendorf sah sie zum letzten Male den Bruder Clemens, dem Wieland wegen seines anmaßenden Auftretens das Oßmannstedter Haus verboten hatte.

Einmal, an einem heißen Tag, ging ein schweres Gewitter nieder. Nachdem die Wetterwolken abgezogen waren, rief Sophie aus: «Sagen Sie, was Sie wollen, unser Erdenleben ist am Ende wie ein Gewitter; wenn's vorüber ist, so scheint uns eine schönere himmlische Sonne, und unsre Seele fühlt sich erquickt, wie diese Blumen hier.» – «Recht schön», wies sie Wieland vorsichtig zurecht. «Es tut mir je-

Eintragung Sophie Brentanos in ihr «Diarium eines prosaisch-poetischen Briefbesorgers»: «Nie löst der Verstand das Räthsel des Menschenlebens . . .» Oßmannstedt, 13. September 1800, sechs Tage vor Sophies Tod.

doch leid, daß meine Sophie, die so fähig ist, guten Menschen dieses Leben zu verschönern, sich so leicht davon abwendet.» Nochmals schickte sie sich dazu an, ein Tagebuch zu führen, das sie «Diarium eines prosaisch-poetischen Briefbesorgers» nannte. Sie füllte es mit einem Verzeichnis ihres Oßmannstedter Briefwechsels, vor allem aber mit minutiösen Beschreibungen der inneren Drangsale, die sie auch hier, mitten in Wielands arkadischer Welt, nicht mehr zu bändigen vermochte. Sie unternahm noch den Versuch, in dem Tagebuch den seelischen Notstand poetisch zu stilisieren und damit zu bewältigen, was ihr schnell mißlang. Sophie blieb nur die resignierende Erkenntnis ihres Scheiterns und von dessen verhängnisvoller Undurchschaubarkeit: «Nie löst der Verstand das Rätsel des Menschenlebens.» Aber auch die Poesie konnte die lebendige Liebe nicht erfassen, die ihr, Sophie, allezeit fehlgeschlagen war. «Sie schaffet sich immerfort unendlich für Menschen und für Götter.»

Anfang September erkrankte sie an einem Nervenfieber, das mit Kopfschmerzen, Erbrechen, hohem Fieber und schließlich geistiger Gestörtheit einherging. Lungenentzündung oder Typhus, wie später vermutet wurde, erklären wohl kaum die schockierenden Symptome, die eher an eine Gehirnhautentzündung denken lassen. Ob die seit den Tagen der Kindheit bestehende schwere Augenverletzung beteiligt war, bleibt ein vager Verdacht. Die Attacke traf jedenfalls einen seit langem geschwächten Körper und vor allem einen Menschen, dem zuletzt jeder Lebenswille abhanden gekommen war. Die Ärzte, unter ihnen ein Sohn Herders, standen ebenso hilflos am Krankenlager, wie Sophie am Ende über dem Gewirr ihres Lebensrätsels gegrübelt hatte. Aus Frankfurt rief man die Schwester Gunda und den Bruder Georg herbei, die von der Sterbenden kaum noch wahrgenommen wurden. Sophie Brentano starb

am 19. September 1800, um die Mitternachtsstunde, in Gegenwart ihrer Geschwister. Ihre letzte Ruhestätte fand sie ganz in der Nähe: im Park an der Ilm, unter einem dreiseitigen Obelisken, den Wieland auch seiner Frau und sich

Eigenhändiger Entwurf Wielands zu den Grabinschriften für seine Frau, für Sophie Brentano und für ihn selbst (oben).

Die drei Seiten des Grab-Obelisken in Oßmannstedt. Radierung von Jakob Roux, 1813 (unten).

selbst als Grabstätte bestimmt hatte. Die dem Mädchen zugekehrte Seite des kleinen Monuments zeigt die Inschrift «Sophie Brentano» sowie Psyche in Gestalt eines Schmetterlings mit ausgebreiteten Flügeln. In den Stein, der einst auch an ihn und seine Frau erinnern sollte, ließ Wieland das Distichon einmeißeln:

> Liebe und Freundschaft umschlang die verwandten
>   Seelen im Leben
> Und ihr Sterbliches deckt dieser gemeinsame Stein.

Die Nachricht vom plötzlichen Tod Sophies traf die Familie in Frankfurt wie ein furchtbarer Schlag. Der Bruder Clemens, der zu spät den Ernst der Lage erkannte, in der sich die Schwester befand, widmete ihrem Andenken eines

seiner schönsten Gedichte, das er dann in den Roman «Godwi» aufnahm:

Wie war dein Leben
So voller Glanz.
Wie war dein Morgen
So kindlich Lächlen,
Wie haben sich alle
Um dich geliebt,
Wie kam dein Abend
So betend zu dir,
Und alle beteten
An diesem Abend . . .

Wieland dürfte dem Gedicht allerdings kaum ganz zugestimmt haben, denn er wußte wie kein anderer, daß dieses Leben «so voller Glanz» nicht gewesen war. Auch die Predigt des Geistlichen am Sarg Sophies erregte seinen Zorn, wie ein Augenzeuge berichtet: «Der Pfarrer in Oßmannstedt ist ihm ein Pfahl im Fleische. Seine Rede bei der Be-

erdigung von Sophie Brentano. Gartengeschichte: Sündenfall, blutiger Schweiß, Auferstehung.» Die Worte, die der Greis den Manen des Brentano-Mädchens für angemessen hielt, überließ er seinem Roman-Philosophen Aristipp, der die Nachricht vom Verschwinden der schönen Lais, Sophies poetischem Ebenbild, folgendermaßen aufnimmt:

«In solchen Augenblicken möcht' ich mit dem Schicksal hadern, daß es einen so düstern Schatten auf das herrliche Götterbild fallen ließ, und die vom Herzen bestochne Einbildungskraft spiegelt mir eine trügerische Möglichkeit vor, wie alles anders hätte gehen können, bis endlich die Vernunft das gefällige Duftgebilde wieder zerstreut, und mich, wiewohl ungern, zu gestehen nötigt: es habe dennoch *so* gehen müssen, und, wie unbegreiflich uns auch die Verkettung unsrer Freiheit mit dem allgemeinen Zusammenhange der Ursachen und Erfolge sein möge, immer bleibt das Gewisseste, daß das ewige, mit der schärfsten Genauigkeit in die Natur der Dinge eingreifende Räderwerk des Schicksals nie unrichtig gehen kann.»

*Clemens Brentano. 1803 entstandene Gipsbüste des Bildhauers
Friedrich Tieck, des Bruders des Dichters Ludwig Tieck.*

Der Wunderhornist – Clemens Brentano

Der junge Mann, der in Wirklichkeit bereits das Ende der
Zwanzig erreicht hatte, wirkte oft knabenhaft, manchmal
sogar kindisch und närrisch, wenn er in einer obskuren
Kneipe am Heidelberger Schloßberg oder in der Klause
eines gleichgestimmten Professors seine selbstkomponier-
ten Lieder zur Gitarre sang. Wie einer seiner Bewunderer,
der Studiosus Joseph von Eichendorff, bezeugt, war er
«klein, gewandt und südlichen Ausdrucks, mit wunderbar
schönen, fast geisterhaften Augen», ja «wahrhaft zaube-
risch» sei er in solchen Augenblicken gewesen. Die italienisch anmutenden schwarzen Locken fielen ihm dann in die
Stirn, er war in ständiger wirbelnder Bewegung; der von
ihm angeschlagene Vortragston wechselte jäh von tiefer
Melancholie zu bizarrem Scherz und von diesem wiederum
zu erneuter Schwermut. Man habe sich kaum, so Eichendorff weiter, «einen ergötzlicheren Gegensatz der damals
florierenden ästhetischen Tees» vorstellen können als diese
abendlichen Belustigungen, die «häufig ohne Licht und
brauchbare Stühle» stattfanden. Noch weniger hätte ein
unvorbereiteter Besucher geglaubt, daß der exzentrische
Gitarrespieler der Sproß einer ehrbaren Frankfurter Kaufmannsfamilie war und seine Vornamen Clemens Maria
Wenzeslaus seinem Taufpaten, dem letzten Kurfürsten
von Trier, verdankte. Nichts erinnerte daran, daß er einen
derartig erlauchten Gevatter besaß und in der urbanen
Atmosphäre eines großbürgerlichen Hauses zu Frankfurt
aufgewachsen war.

Um Clemens Brentano, den in die Boheme entlaufenen
Sohn eines reichen Handelsherrn, wehte die freie Luft der
fahrenden Gaukler und Zigeuner. Selbst in den späteren
katholischen Jahren, in denen er sein literarisches Werk
als «geschminkte, duftende Toilettensünden unchristlicher

Jugend» verurteilen zu müssen glaubte, blieb ihm unterschwellig ein Rest jenes romantischen Vagantentums, das
seine Freunde gleichermaßen faszinierte und irritierte.
Sein Leben, das er auf der Suche nach Harmonie verbrachte
und das doch eine Folge von Disharmonien war, darf als Inbegriff eines romantischen Lebenslaufs gelten. Auch das
romantische Streben nach der Autonomie des schöpferischen Ichs, nach der Zerstörung der Welt des Philisters,
nach musikalischer Stilisierung der Wirklichkeit sowie
schließlich die Sehnsucht nach Kreuz, Tod und Gruft haben
nirgendwo so schlüssigen künstlerischen Ausdruck gefunden wie im Schaffen dieses Poeten, der nirgends zu Hause
war. Keiner hat so hinreißend auf dem romantischen Wunderhorn zu spielen vermocht, wobei er auch da mitten im
Phantasieren den verführerischen Melodien unvermittelt
Mißklänge folgen ließ. Brentano war ein Meister der
Selbstinszenierung, wenn es je einen gab, ein Virtuose der
Selbstdarstellung und gelegentlich der Selbstverkennung,
dem sogar Briefe und andere persönliche Zeugnisse zu poetischen Maskeraden gerieten.

Mit der genaueren Bestimmung dieser schillernden romantischen Existenz und ihrer literarischen Hinterlassenschaft, die ebensowenig auf einen einfachen Nenner zu
bringen ist, beschäftigt sich eine Heerschar von Forschern,
deren verdienstvollen Bemühungen wir hier kein neues
Blatt hinzufügen möchten. Nicht eine ausgewogene Würdigung des Dichters Clemens Brentano haben wir zu geben,
sondern eine Darstellung der Familie, mit der er, trotz aller
Ausbruchs- und Fluchtversuche, bis zuletzt auf eine ambi-
valente Weise verbunden blieb. Womöglich hat ihn nur die
Solidarität der Geschwister vor dem Versinken im Boden-
losen bewahrt, wo mancher der romantischen Genera-

102

tionsgefährten zugrunde ging. Zur familiären Bindung kam später freilich noch die Rückbesinnung auf die Religion, aber auch sie ist ein Erbteil der Eltern und ein geistig-geistliches Medium gewesen, in dem er sich mit den Geschwistern einig wußte. Es gibt bedeutende Künstler, die ganz ohne ihre Verwandtschaftsverhältnisse verständlich sind oder die sich im offenen Widerspruch zu ihnen entwickelt haben. Anders Clemens Brentano, der noch als vagabundierender Gitarrespieler in einem Heidelberger Wirtshaus ein Mitglied der Dynastie Brentano blieb. Denn sie ermöglichte ihm, wenn auch nicht ohne Proteste und Zurechtweisungen, allein schon in wirtschaftlicher Hinsicht ein Dasein, das er wenigstens pekuniär ohne Sorgen verbringen konnte. Aber über die materiellen Sicherheiten hinaus bot die Familie so etwas wie einen Hafen, in den er nach abenteuerlichen Kreuz- und Querfahrten, nach Aufschwüngen und Abstürzen immer wieder zurückkehrte.

Am 9. September 1778 brachte ihn Frau Maximiliane in ihrem Heimatort Ehrenbreitstein bei Koblenz zur Welt. Sein dritter Vorname Maria veranlaßte Clemens später dazu, nach seiner frommen Wende, als Geburtstag den 8. September anzugeben, auf den der katholische Feiertag Mariä Geburt fällt. Phantasmagorien, die dann das Bild der frühverstorbenen Mutter mit umworbenen Frauen und schließlich der Gottesmutter zu einem erotisch-sakralen weiblichen Faszinosum verschwimmen ließen, verschränkten sich von Anfang an mit der Wirklichkeit, was die alte Frau Rath Goethe zu der Prophezeiung bewog: «Dein Reich ist in den Wolken und nicht von dieser Erde, und so oft es sich mit derselben berührt, wird's Tränen regnen.» Tränen regnete es schon unter der strengen Zucht der Tante Luise Möhn in Ehrenbreitstein, dann in Jesuiten- und anderen Erziehungsinstituten sowie in mehreren Kaufmannskontoren, in die ihn der Vater zur Lehre gab.

Daß der junge Taugenichts mit mancherlei Allotria auffiel, beispielsweise Honig in Heringstonnen goß oder die Damen mit papageigrünem Rock, scharlachroter Weste und pfirsichblütenfarbenen Beinkleidern zu erobern suchte, war nur die andere Seite der Verdüsterungen, die mit den grellen Späßen ständig korrespondierten. Während eines bald abgebrochenen Studiums der Bergwissenschaften in Bonn waren ihm der Violinunterricht und mehr noch die vierzehnjährige Tochter des Geigenlehrers wichtiger als die Verlautbarungen der Gelehrten. Aus einer ungeordneten Kindheit und Jugend blieben ihm als Konstanten für das weitere Leben das unvergeßliche Bild der Mutter, das verhaßte Gegenbild des Vaters und das Gruppenbild der Geschwister, von denen der ältere Halbbruder Franz als Familienoberhaupt und Vermögensverwalter für Clemens eine besondere Bedeutung erlangte.

Erneute Abstecher ins Studentenleben, die er an den Universitäten von Halle, Jena und Göttingen unternahm, waren vergebliche Anläufe zur Gewinnung eines akademischen Brotberufs, denn sie versandeten unrühmlich und schnell. Folgenreicher waren die Begegnungen mit anderen unruhigen jungen Leuten, die gleich ihm Literatur und Kunst als Mittel der Selbstverwirklichung entdeckt hatten. Im Jenaer Kreis der Brüder Schlegel, des Dichters Ludwig Tieck, des Philosophen Schelling und des frühvollendeten Friedrich von Hardenberg, der sich Novalis nannte und seinen Freunden als reine Verkörperung romantischen Poetentums erschien, fand Clemens bleibende Leitbilder, allerdings auch Enttäuschungen, da der «symphilosophierende» Kreis durch menschlich-allzumenschliche Wirrnisse belastet war. Gleichwohl sind Brentanos erste gedruckte literarische Versuche, darunter das Märchenfragment «Die Rose», die Satire «Gustav Wasa», das Erzählfragment «Der Sänger», das Intrigenstück «Ponce de

Das Heidelberger Schloß unterm Regenbogen. Gemälde von George Augustus Wallis, 1812.

Die Dichterin Sophie Mereau, Clemens Brentanos erste Frau. Geschnittene Silhouette eines unbekannten Künstlers, um 1795.

Leon» und der Roman «Godwi» ohne den Vorangang Ludwig Tiecks, des Erfinders der romantischen Literaturgroteske, kaum zu denken. Während aber Tieck in dem Neuankömmling aus Frankfurt nur den unerwünschten Konkurrenten sah und ihn daher öffentlich dem Gelächter preisgab, begann Clemens eine andere Beziehung zu beschäftigen, deren dramatisches Auf und Ab seine nächsten Jahre erfüllen und erschüttern sollte.

Brentano lernte die schöne Schriftstellerin Sophie Mereau kennen, die mit einem Universitätsprofessor in unglücklicher Ehe lebte. Überzeugt von der Begabung ihres neuen ungestümen Verehrers, setzte sie sich für ihn ein, protegierte ihn beim Druck seiner Arbeiten – und erlag endlich, nach der Scheidung von ihrem Mann und vielen Aufgeregtheiten, seinem Werben, das heftig und herrisch war. Clemens wollte in Sophie das verlorene Bild der Mutter wiedergefunden haben und die Geliebte diesem Phantom unterwerfen, wie er es sich vorstellte. Die Ehe der selbstbewußten Frau mit dem friedlosen, dabei pathologisch eifersüchtigen Dichter durchmaß alle Höhen und Tiefen einer großen Leidenschaft, war jedoch zuletzt für beide ein Martyrium. Zwei Kinder starben kurz nach der Geburt, an der Totgeburt des dritten starb Sophie selbst Ende Oktober 1806.

Inzwischen hatte sich Clemens längst der Mensch zugesellt, mit dem er für einige Jahre eine enge künstlerische Werk- und Schaffensgemeinschaft einging: Ludwig Achim von Arnim, aus altem märkischem Adelsgeschlecht stammend, der schon 1801, als Göttinger Student, Brentanos «Herzbruder» geworden war. Eine gemeinsame Rheinreise, im Juni 1802 unternommen, ließ in der Folge den Plan zu einer Sammlung alter deutscher Lieder reifen, der dann in der beflügelnden Atmosphäre Heidelbergs Gestalt annahm. «Des Knaben Wunderhorn», dessen erster Band im Herbst 1805 erschien, machte die Namen der beiden Herausgeber der Mit- und Nachwelt vertraut, auch wenn sich das Werk schnell als keineswegs philologisch getreue Sammlung überlieferten Liedgutes entpuppte. In die alten Texte, die sie aus verschollenen Drucken und mündlichen Mitteilungen gewannen, schwärzten Arnim und Brentano eigene Erfindungen ein, mit denen sie den aus Naivität und Raffinement unentwirrbar gemischten «Wunderhorn»-Klang schufen, der über ein Jahrhundert lang, bis hin zu

Titelblatt des ersten Bandes der Erstausgabe der Liedersammlung «Des Knaben Wunderhorn» von Achim von Arnim und Clemens Brentano: ein Knabe, der auf ungesatteltem Pferd dahinsprengt, schwingt das Wunderhorn durch die Lüfte. Erschienen in Heidelberg und Frankfurt, 1806.

den Vertonungen Gustav Mahlers, produktiv nachwirken sollte. Die Mißverständnisse, die sich daran knüpften, die Verarbeitung der Quellen durch die beiden Editoren, ihre jeweils sehr unterschiedlichen individuellen Anteile daran sind erst in letzter Zeit von der Forschung, vor allem von Heinz Rölleke, minutiös aufgelichtet worden. Die Beschreibung des «Wunderhorn»-Kaleidoskops, das gleichsam ein shakespearisches Welttheater in Liedern darstellt, sowie seine Wirkungen auf die kommenden Generationen sind aber kein Thema für den Chronisten der Familie Brentano.

Ins Gewimmel der Frankfurter Dynastie geriet der «Herzbruder» Arnim auf eine Art, an die er ursprünglich nicht gedacht hatte. Erst ziemlich spät, nach dem frühen Tod der Lieblingsschwester Sophie, war Clemens die um sieben Jahre jüngere Schwester Bettine nähergetreten, in der er nun auch eine Geistesverwandte erkannte. Ein Schattenspiel, das Bruder und Schwester zusammen entwarfen, enthielt Reminiszenzen an das Leben im Haus «Zum Goldenen Kopf». Dennoch fiel der Beginn der engeren Beziehungen zwischen den beiden in eine Zeit, die von wachsendem Hader des Wunderhornisten mit den Verwandten gekennzeichnet war. «Dieses Mädchen», schrieb er September 1802 an Arnim, «ist sehr unglücklich, sie ist sehr geistreich und weiß es nicht, sie ist durch und durch mißhandelt von ihrer Familie und erträgt es mit stiller Verzehrung ihrer selbst, mich liebt sie, weil ich ihr alles bin, da ich ihr allein nahe bin.» Dieses Urteil war zwar eine Übertreibung des Egozentrikers Clemens, der alle Welt im Guten wie im Bösen nur auf sich beziehen wollte, aber die Aufmerksamkeit des Freundes für die Schwester war geweckt. Die erzieherische Einwirkung, die Arnim von da an der blutjungen Bettine angedeihen ließ, begründete eine Freundschaft, die 1811 zur Heirat führte. Vier Jahrzehnte später setzte Bettine dem romantischen Aufbruch der Gefährten und dem eigenen geistigen Erwachen ein Denkmal mit dem Briefroman «Clemens Brentanos Frühlingskranz». Noch ein anderer Jugendfreund, der Rechtsgelehrte Friedrich Carl von Savigny, trat damals in die Brentano-Sippe ein, als er 1804 die Schwester Gunda ehelichte.

Trotz latenter und zuweilen auch offen zur Schau gestellter Rebellion entfernte sich Clemens doch nie völlig von der Familie, und dies nicht allein nur aus Gründen der finanziellen Abhängigkeit. Im Figurenreigen des Romans «Godwi» hatte er die Angehörigen nur wenig verschlüsselt abkonterfeit. Im unvollendet gebliebenen Versepos der «Romanzen vom Rosenkranz» schilderte er die Erbschuld

Illustration Clemens Brentanos zu seiner Satire «Der Philister vor, in und nach der Geschichte»: Nachtmütze, Tabakspfeife und Stiefel als Attribute des deutschen Philisters; die jungen Philister unter Nr. 6 erinnern an den Deutschen Michel und an den deutschen Gartenzwerg (unten).

Clemens Brentano. Bleistiftzeichnung von Wilhelm Hensel, dem Bruder Luise Hensels, 1819 (rechts).

einer Familie, die bis ins italienische Mittelalter zurückgeht: reich an Stimmungen, Farben und Klängen, jedoch auch an Überlieferungen aus der eigenen Familientradition. Das fröhliche Heidelberger Spielmannstreiben, die letzten Arbeitsrunden am «Wunderhorn» mitsamt Brentanos Eskapaden als extravagantem Volkslieder-Troubadour, erlebten einige Geschwister ganz aus der Nähe mit. Sogar seine zweite Eheschließung, die er im August 1807 mit der knapp siebzehnjährigen Auguste Bußmann vollzog, verlief nicht ohne die Mithilfe des Bruders Christian, der die Entführung der Braut aus dem Hause ihres Frankfurter Vormunds inszenierte. Diese zweite Ehe mit gegenseitigen Beschimpfungen und Demütigungen, mit wechselseitigem Prügeln und «Durchwalken», mit demonstrativen Selbstmordversuchen Augustes und Lamentationen des Clemens ist eine spektakuläre Liebes-, Schand- und Lästergeschichte, deren bewegte Stationen neuerdings Hans Magnus Enzensberger dokumentarisch belegt hat – nicht eben zum Ruhme des Wunderhornisten. Das geräuschvolle Intermezzo endete bereits nach wenigen Monaten; die Scheidung des katholisch getrauten Paars, das längst getrennt lebte, zog sich aber noch bis zum Jahr 1814 hin.

Der Titel «Tröst-Einsamkeit», unter dem Arnim gerade die von ihm redigierte «Zeitung für Einsiedler» als Buch herausgab, zu dem auch Brentano einige Beiträge spendete, könnte wie ein Leitwort über den nächsten Jahren des Dichters stehen. Erschöpft vom Ehekrieg mit Auguste, aber auch von den Auseinandersetzungen mit literarischen Gegnern, an deren Spitze in Heidelberg der alte Johann Heinrich Voß gestanden hatte, ging Clemens nach Berlin, wo er zusammen mit dem Herzbruder Arnim die «Christlich-Teutsche Tischgesellschaft» gründete. Dort gab er, unter dem Jubel der Zuhörer, seine Satire «Der Philister vor, in und nach der Geschichte» zum besten, eine brillante Spottschrift, die nicht ohne antisemitische Ausfälle war, wie denn auch in die Tischgesellschaft keine Juden, nicht einmal getaufte, aufgenommen wurden. Der Sarkasmus, mit dem sich Brentano über Widersacher und gelegentlich selbst über Freunde lustig machte, und die Hektik, die ihn von Berlin aus über die Landstraßen Deutschlands trieb, zeigten deutlich die Krise, die ihn seit dem Weggang von Heidelberg zunehmend beherrschte. Einige Märchendichtungen, das Romanfragment «Der schiffbrüchige Galeerensklave vom toten Meer», das mythologische Drama «Die Gründung Prags» und besonders die «Geschichte vom braven Kasperl und dem schönen Annerl» dokumentieren das hervorbrechende Krisenbewußtsein.

Dennoch näherte sich Clemens, der verlorene Sohn, wieder der Familie, der er ohnehin nie völlig entglitten war. Auf dem böhmischen Familiengut Bukowan, wo der Bruder Christian glücklos mit der Landwirtschaft experimentierte, verbrachte er längere Zeit. Der Versuch, in Wien die

Luise Hensel. Zeichnung ihres Bruders Wilhelm.

Position eines Theaterdichters zu erlangen und also nach langen Zigeunerjahren ein festes Amt zu erhalten, war von der bürgerlichen Mentalität der Verwandten mehr bestimmt, als es sich der umhergetriebene Außenseiter eingestehen mochte. Nach dem Scheitern des Wiener Planes sprach er vom «großen eingefleischten Satanismus der Welt», der «edlere und tiefsinnigere Geister zur Religion» zurücklenke. Noch einmal gründete er zusammen mit einigen Sympathisanten in Berlin eine literarisch-politische Abendgesellschaft, die «Maikäferei», aber die Zeichen, die von der katholischen Erweckungsbewegung in Bayern ausgingen, schlugen ihn nun mehr in ihren Bann als die müder werdenden Kapriolen einer schrankenlosen Imagination. Bereits im Februar 1815 schrieb Clemens an Wilhelm Grimm: «Mein ganzes Leben habe ich verloren, teils in Irrtum, teils in Sünde, teils in falschen Bestrebungen. Der Blick auf mich selbst vernichtet mich, und nur wenn ich die Augen flehend zu dem Herrn aufrichte, hat mein zitterndes, zagendes Herz einigen Trost.»

Kurz darauf lernte er die achtzehnjährige Luise Hensel kennen, die Tochter eines evangelischen Pfarrers, ein esoterisch gestimmtes Mädchen von madonnenhafter Schönheit, noch dazu mit literarischen Neigungen, wie ihr um die gleiche Zeit entstandenes Gedicht «Müde bin ich, geh' zur Ruh'» und manche andere lyrische Talentprobe verrieten. Brentano, der hier wie schon bei Sophie Mereau weibliche Anmut und poetisches Verständnis in einer Person vereint vorfand, entbrannte schnell und machte Luise den Hof, wenig später sogar einen Heiratsantrag, den sie allerdings abwies. Sie war auf ihre Weise unterwegs nach dem Heil, das sie wie Clemens im katholischen Glauben sah, jedoch ohne seine aus Bekehrungseifer und Verführungskunst zusammengesetzte Mitwirkung zu erreichen hoffte. Sie gaben gemeinsam die Liedersammlung «Trutz Nachtigall» des barocken Jesuitenpaters Friedrich von Spee heraus und tauschten Gedichte aus: einige Verse Luises schmolz Clemens in die eigene Ausdruckssprache um oder übernahm sie beinahe wörtlich, womit seinem Bedürfnis nach romantischer Verschmelzung verschiedener künstlerischer Temperamente noch einmal Genüge getan war. Die himmlische Liebe nahte ihm in Gestalt der irdischen, die unerfüllt bleiben mußte um der ersten willen!

Am 27. Februar 1817 legte Clemens Brentano in der Berliner St.-Hedwigs-Kirche die Generalbeichte ab; der Bruder Christian war ihm mit diesem Schritt unmittelbar vorangegangen. Er blieb fortan der Vertraute des Dichters, dessen Hin- und Zurückwendung zum Glauben der Väter er wie kein anderer förderte. Durch Christian erfuhr er auch von einer säkularisierten Nonne namens Anna Katharina Emmerick, die von der Ungunst der Zeit nach Auflösung ihres Klosters hinaus «auf die Landstraße geworfen» worden war und nun in dem westfälischen Städtchen Dülmen lebte. Daß die Dominikanerin die Wundmale des Herrn aufwies, mithin als stigmatisiert galt, und außerdem von ihren «Visionen» inbrünstig Kunde geben sollte, verlieh der Nachricht die magische Anziehungskraft, auf die Brentanos neue Heils- und Erlösungsbedürftigkeit nur gewartet hatte. September 1818 brach er nach Dülmen auf,

Zimmer der Anna Katharina Emmerick in Dülmen (oben).

Die stigmatisierte Nonne Anna Katharina Emmerick auf ihrem Lager (unten). Die beiden Federzeichnungen von Clemens Brentano entstanden in den letzten beiden Lebensjahren der Dominikanerin, zwischen 1822 und 1824.

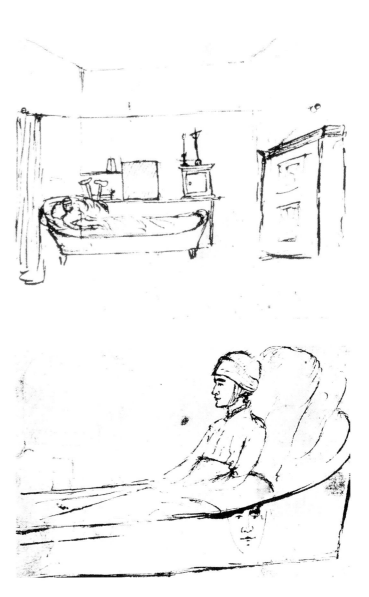

um am Krankenbett der Emmerick seiner «Lebensaufgabe» nachzugehen, die er jetzt entdeckt zu haben glaubte. Von dort kehrte Clemens noch einmal nach Berlin zurück, als er von Luise Hensels Konversion hörte, die dem Egozentriker, da sie ohne seine Kenntnis geschehen war, wie eine «Schweinerei des Teufels» vorkam. In Berlin ließ er den größten Teil seiner kostbaren Bibliothek versteigern, was fast mehr noch als die Generalbeichte den erschütternden Bruch mit allen bisherigen Gepflogenheiten ankündigte. Dann eilte er wieder nach Dülmen, ohne die Verbindung mit Luise aufzugeben, deren Glaubenseifer gleich dem seinigen eine wunderbare Bezugsperson in der stigmatisierten Nonne fand.

Der Arzt Anna Katharina Emmericks hätte die Wiederkehr des ungebetenen Gastes nur zu gern verhindert, der von jetzt an mit insistierender Strenge und Beharrlichkeit, ja zuweilen mit rigoroser Brutalität die Ordensschwester nach ihren «Gesichten» befragte oder diese gar von ihr erpreßte, wenn sie ermattet innehielt und den Erforschungen des wundersüchtigen Protokollanten nicht mehr gewachsen war. Sechs Jahre lang erschien er jeden Morgen zehn Uhr an ihrem Lager, um sie nach geistlichen Auskünften zu bedrängen, die er dann in seiner Klause detailreich festhielt. Am Abend kam er noch einmal, um die schriftlichen Ausarbeitungen vorzulesen. An die sechzehntausend Folioseiten füllte er so mit ihren visionären Geschichten aus dem Leben Jesu und der Gottesmutter, die er später der Öffentlichkeit zu erzählen gedachte: in einer Trilogie, die aus Christi Jugendgeschichte, dem «Leben der heiligen Jungfrau Maria» und dem «Bitteren Leiden unsers Herrn Jesu Christi» bestehen sollte. Brentanos wuchernde poetische Einbildungskraft war aber bereits an den in Dülmen angefertigten Niederschriften beteiligt, die es keineswegs nur mit der Aufzeichnung des Gehörten bewenden ließen –

in die frommen Notizen mischte sich manche phantastische Wunderhorn-Arabeske.

Erst nach dem Tode Anna Katharina Emmericks im Februar 1824 verließ Clemens seine westfälische Einsiedelei, nachdem er noch die Freundin Luise Hensel zu einer makabren Öffnung des Grabes der Nonne, mit Hilfe bestochener Totengräber, angestachelt hatte. Die Unbehaustheit, die ihn von neuem ergriff, zeigte sich im schnellen Wechsel der Aufenthaltsorte. «Denn wir haben hier keine bleibende Stadt, sondern die zukünftige suchen wir.» Brentanos ahasverische Wanderungen, die immer wieder zur Familie nach Frankfurt zurückführten, schienen das alte Bibelwort bestätigen zu wollen. Sommer 1824 besuchte er zum ersten und einzigen Male das Weingut der Brentanos in Winkel, wo er die Schwester Bettine traf, aber auch dort war er still und in sich gekehrt: «... weil ich das Kunstgeschnatter

Der Triumph der Religion in den Künsten. Ölbild des nazarenischen Malers Friedrich Overbeck, entstanden zwischen 1831 und 1840.

Clemens Brentano im Bischofsgewand. Humoristischer Scherenschnitt von Luise Duttenhofer.

nicht mehr gewohnt, doch ohne Widerspruch daran schier erkrankte, galt ich in der Stille für nicht recht bei Trost.» An die Stelle der früheren Freunde, deren Welt ihm abhanden gekommen war, traten neue Gefährten, meistens gottesfürchtige Leute: der Koblenzer Fabrikant Hermann Joseph Dietz; der Bischof von Regensburg, Johann Michael Sailer; der Theologe Melchior Diepenbrock und dessen Schwester Apollonia. Nur Joseph Görres, der sprachgewaltige Mitstreiter aus Heidelberger Wunderhorntagen, war ihm geblieben.

Mit Dietz reiste Clemens nach Frankreich, wo er das karitative Wirken der Borromäerinnen kennenlernte, für deren Niederlassung in Deutschland er nun vehement warb. Die Schrift «Die Barmherzigen Schwestern in Bezug auf Armen- und Krankenpflege», erschienen im Cholerajahr 1831, propagierte die wohltätigen katholischen Einrichtungen in Koblenz und setzte einen Markstein für die Ausweitung ähnlicher Institutionen in ganz Süd- und Westdeutschland. Während die Schwester Bettine im fernen Berlin daranging, ihre Feder in den Dienst der sozial benachteiligten Schichten zu stellen, war der Bruder im Rheinland und bald auch in Bayern mit ganz ähnlichen Bemühungen beschäftigt, die sich allerdings gegen den Geist der französischen Julirevolution und gleichermaßen gegen den Absolutheitsanspruch des preußischen Staates richteten. Man hat im protestantisch-liberalistischen Lager Brentanos katholische Agitation nur als Weltflucht und Dunkelmännertum gedeutet und dabei übersehen, daß er damit die preußische Obrigkeit herausforderte, die in der neuen Rheinprovinz die Anhänger des alten Glaubens ständig schikanierte. Mit seinem Bekenntnis zur «alleinseligmachenden» Kirche und mit seiner ebenso dezidiert antipreußischen Haltung hatte er zu Grundwerten der meisten Geschwister zurückgefunden, auch wenn ihrem pragmatischen Kaufmannssinn die phantastischen Prophetien des Bruders suspekt blieben.

Die umfangreiche Christus-Trilogie, die er aus den Emmerick-Protokollen zu destillieren suchte, hielt ihn bis zuletzt in Atem. Das «Bittere Leiden unsers Herrn Jesu Christi» erschien anonym im August 1833 und erlebte bis zum Tode des Verfassers nicht weniger als sechs Auflagen. Die Schlußredaktion der «Lehrjahre Jesu» und den Druckbeginn des «Lebens der heiligen Jungfrau Maria» überwachte er noch selbst, obwohl das später so erfolgreiche Buch erst postum das Licht der Welt erblickte. Die germanistische Forschung hat diese Glaubenszeugnisse bis in unsere Tage hinein mit Verachtung gestraft und nicht zur Kenntnis nehmen wollen, daß Brentano gerade damit zu einem wahren Volksschriftsteller wurde, allerdings für Leserkreise,

Brentano, der Konvertit. Scherenschnitt von Luise Duttenhofer.

Clemens Brentano. Ölgemälde von Emilie Linder, der Münchner Freundin des Dichters, um 1835.

denen der einstige romantische Poet gleichgültig war. Die Bände wurden in fremde Sprachen übersetzt und beeinflußten die marianischen Bewegungen der nächsten Jahrzehnte. Unter dem Eindruck der Marien-Biographie entdeckte man das Wohn- und Sterbehaus der Mutter Jesu in Ephesus und begründete die noch immer praktizierte Ephe-

sus-Wallfahrt. Friedrich Schlegels frühromantische Forderung einer «neuen Mythologie» – hier war sie endlich verwirklicht, wenn auch in einem Sinne, an den weder er noch sein Jenaer Adept Clemens Brentano ursprünglich gedacht hatten!

Im Herbst 1833 siedelte er nach München, ins «Hauptquartier der katholischen Propaganda», über, wie der Spötter Heinrich Heine die letzte Station von Brentanos Wirken ironisch bezeichnete. Die Leidenschaft für die um zwanzig Jahre jüngere Malerin Emilie Linder, die ihn dort ergriff, sorgte dafür, daß sich erotisches Begehren und religiöse Inbrunst wieder heillos miteinander verschränkten: sehr zum Befremden der Münchner Freunde, denen die Vermischung der beiden Sphären ein Anstoß und Greuel war. Dabei kannten sie nicht einmal die Emilie gewidmeten Gedichte, in deren Lobpreisungen der ewigen Liebe die Bitte um Gewährung der Fleschesliebe nahezu blasphemisch hineinklang. Einem aus Weimar herbeigereisten Edelfräulein erschien der Dichter «in der Tat etwas satanisch», obgleich er auf dem Portrait, das Emilie Linder in dieser Zeit von ihm malte, eher einen Zug ins Inquisitorische und Prälatenhafte bekam.

Wiederum anders sah ihn der vertraute Malerfreund Ludwig Emil Grimm. Das von ihm 1837 gefertigte Blatt zeigt Clemens, die angegrauten italienischen Locken aus der Stirn gekämmt, wie einen Magier in wallendem Überrock hinter einem Tisch sitzend, auf dem Schreibzeug und ein Buch seinen Lebensberuf andeuten. Zu seiner Rechten erscheint auf einem Bild die Patronin Katharina von Siena mit Lilienstengel und Kruzifix – wohl um einige Nuancen schöner und sinnlicher, als es die Heiligenlegende vorsehen mag. Hinter dem alten Zauberer ist eine Bildtapete angebracht, die Gestalten und Szenen aus dem Märchen «Gokkel, Hinkel und Gackeleia» darbietet. Die Spätfassung des

Clemens Brentano. Radierung von Ludwig Emil Grimm, München, 18. Juli 1837 (links).

Titelblatt zur Erstausgabe von Brentanos Märchen «Gockel, Hinkel und Gakeleia», Frankfurt 1838. Diese Ausgabe enthielt das Titelblatt sowie vierzehn weitere Illustrationen, die der Dichter selbst entworfen hatte (unten).

Märchens veröffentlichte Brentano erst nach langem Zögern, da er befürchtete, man könnte auch seine Emmerick-Niederschriften für die Ausgeburten eines Märchenerzählers halten. Der phantastische Roman vom Schicksal des Hühnerministers Gockel breitete die Geschichte der Schöpfung als humoristisch-tiefsinnige Parabel aus, eingespannt in den Kreislauf von Paradiesesverlust, Erbsünde, göttlicher Gnade und Wiedererlangung des Paradieses. Es war der ewige Zyklus, in den auch er, Clemens Brentano, sich und alle Menschen gestellt sah, die ihm nahegestanden hatten. Er widmete das Märchen der Jugendfreundin Marianne von Willemer, gedachte in der Zueignung der Schwestern Sophie und Bettine, der Frau Rath Goethe und eines längst verstorbenen Buchhalters, der ihn vor mehr als einem halben Jahrhundert im Frankfurter Haus «Zum Goldenen Kopf» zuerst mit dem Zauber der Märchen bekannt gemacht hatte.

Die letzten Münchner Jahre verbrachte er inmitten eines kleinen Kreises von Getreuen, zu denen Joseph Görres, dessen Sohn sowie der junge Maler Eduard von Steinle gehörten. Brentanos äußerer Habitus wirkte zunehmend verlottert, ja heruntergekommen, obwohl der Dichter nach wie vor von dem Frankfurter Bruder Franz eine stattliche Rente erhielt. Seine Gesundheit verschlechterte sich, der greise Görres half ihm beim Aufsetzen des Testaments. Am 12. Juli 1842 holte ihn der Bruder Christian nach

«Der Pilger unter dem Kreuz»: Gedenkblatt für Clemens Brentano. Bleistiftzeichnung seines Freundes und Jüngers Eduard von Steinle, entstanden in Brentanos Todesjahr 1842.

Aschaffenburg, um in seinem Haus dem Hilflosen seelischen und körperlichen Beistand zu gewähren.

Dort blieben Clemens nur noch zwei Wochen, die er unter Beten, Abschiednehmen und tiefen Beängstigungen verbrachte. Die Halluzinationen, die ihn erfaßten, suchte er mit dem ständig wiederholten Vaterunser zu verscheuchen, um hernach doch wieder auszurufen: «Mein Gott, mein Gott, was soll ich machen?» Dann aber geschah es plötzlich, daß ihn mitten in seinem schweren Sterben die Lust an den wilden Schrullen von ehedem ergriff, womit er die Anwesenden zum letzten Male schockierte. Der Krankenpfleger glaubte ihn trösten zu müssen: «Nun, Herr Brentano, jetzt kommen Sie bald in den schönen Himmel zu den Heiligen und Engeln, wovon Sie so viel gelesen und geschrieben haben.» Worauf der scheidende Wunderhornist antwortete: «Ja, aber wenn sie so aussehen wie eure Bierkrüge, so werde ich kein sonderliches Wohlgefallen an ihnen haben.» Er starb am 28. Juli 1842 um neun Uhr in der Frühe und wurde zwei Tage später auf dem Friedhof zu Aschaffenburg begraben.

Den Trost, den ihm jener wackere Krankenpfleger spenden wollte, hat der in die Kunst versprengte Angehörige einer Frankfurter Kaufmannsfamilie sicher nur ganz selten gefunden – vielleicht beim Ausspinnen einiger seiner mit Bildern und Klängen gesättigten Gedichte, die oft so mühelos, wie Volkslieder, ins Gemüt des Lesers oder Hörers gleiten. Zu ihnen mögen die musikalischen Verse gehören, mit denen Clemens Brentano am Ende seines Gockel-Märchens auch die Summe des eigenen Strebens und Irrens gezogen hat:

> Was reif in diesen Zeilen steht,
> Was lächelnd winkt und sinnend fleht,
> Das soll kein Kind betrüben,
> Die Einfalt hat es ausgesät,
> Die Schwermut hat hindurchgeweht,
> Die Sehnsucht hats getrieben;
> Und ist das Feld einst abgemäht,
> Die Armut durch die Stoppeln geht,
> Sucht Ähren, die geblieben,
> Sucht Lieb, die für sie untergeht,
> Sucht Lieb, die mit ihr aufersteht,
> Sucht Lieb, die sie kann lieben,
> Und hat sie einsam und verschmäht
> Die Nacht durch dankend in Gebet
> Die Körner ausgeschrieben,
> Liest sie, als früh der Hahn gekräht,
> Was Lieb erhielt, was Leib verweht,
> Ans Feldkreuz angeschrieben:
> O Stern und Blume, Geist und Kleid;
> Lieb, Leid und Zeit und Ewigkeit!

Kunigunde (Gunda) von Savigny, geb. Brentano. Radierung von Ludwig Emil Grimm, dem Freund und Protegé der Familie Brentano, 1808.

Dauer im Wechsel – Gunda Brentano und ihre Ehe mit Friedrich Carl von Savigny

«Du mögest einen reinlichen starken Mann bekommen, mit dem jedes Weib gern zu Bette gehen möchte, und dieser möge Dir recht viel Vergnügen und alle Jahre ein Kind verschaffen», wünschte einst Clemens Brentano seiner Schwester Kunigunde, die in der Familie Gunda genannt wurde. Der Wunsch signalisiert wohl ziemlich deutlich die Auffassung, die unter den Brentanos über die Bestimmung der Frau verbreitet war: der Vater Peter Anton hatte diesen Grundsatz in drei Ehen exemplarisch vorgelebt. Seiner und Maximilianes Tochter Gunda, die am 28. Juli 1780 in Ehrenbreitstein zur Welt gekommen war, blieb es vorbehalten, des Bruders Wunsch getreulich zu erfüllen. Der «reinliche starke Mann» nahte ihr in Gestalt des Rechtsgelehrten Savigny, und wenn aus dieser Ehe auch nicht gerade «alle Jahre ein Kind» hervorging, so sollten es doch immerhin fünf werden.

Freilich war des Bruders Clemens Wunsch nicht ganz ohne Ironie gewesen, wie sich denn Gunda oft seinen und der Schwester Bettine mutwilligen Spott gefallen lassen mußte. Für die genialische Unruhe der Geschwister hatte sie keinen Sinn, deren aufgeregter Exzentrik setzte sie Geduld und ein gesundes Beharrungsvermögen von konservativem Zuschnitt entgegen – ein Hang, der sich unter dem Einfluß ihres Mannes dann noch verstärkte. Als Clemens die Einundzwanzigjährige zum Objekt seiner zuweilen gewaltsamen pädagogischen Exerzitien machen wollte, antwortete Gundel ihm gelassen: «Siehe, ein Mädchen wie ich darf nicht sagen: bei Schlegel und Goethe. Denn das ist gegen die Ehrbarkeit, die sich für unsereins schickt. Wollen wir auch einmal von gelesenen Büchern etwas anbringen, so fragen wir ganz modest: kennen Sie die moralischen Erzählungen von Frau von La Roche, oder dieses und jenes

Buch von dem beliebten Lafontaine? Und da ich nun auch keine andern Werke gelesen, so muß ich Dir gestehen, daß ich die Hälfte Deines Briefes nicht verstanden, über die andere mich gekreuzigt habe.» Der familiären Zusammengehörigkeit war sie stets verpflichtet, als sie beispielsweise nach Oßmannstedt eilte, um der sterbenden Schwester Sophie beizustehen.

Schön sei Gunda nicht, «aber sehr interessant», bescheinigte ihr Wilhelm Grimm, und sie habe «die schönsten Augen, die man sich denken kann». Sein Bruder Jacob wollte in der jungen Frau gar «eines der liebenswürdigsten Weiber» entdeckt haben, obwohl sie «gerade das Gegenteil» von dem zu sein scheine, was man sich sonst von einer Brentano erwarte. Das besondere Charisma und das südliche Brio der Geschwister fehlten ihr, doch war Gunda keineswegs blaß oder simpel, sonst hätte sie eine anspruchsvolle Persönlichkeit wie Friedrich Carl von Savigny kaum auf die Dauer fesseln können.

Savigny, der eine tief in sich ruhende «systematische Natur» war, erschien den Zeitgenossen wie eine Dürer- oder Raffael-Gestalt, der es allerdings an jeglichem italienischen Kolorit gebrach. Seine besonnene Männlichkeit ließ sogar Bettine nicht gleichgültig, entsprach aber viel eher Gundas traditionsbeflissenem Wesen. Mir ihr wußte er sich in der Wertschätzung des Gewordenen und Gewachsenen einig, das er gegen spekulatives oder gar revolutionäres Neuerertum schon früh verteidigte. Als Vierundzwanzigjähriger hatte der Jurist eine Schrift mit dem bezeichnenden Titel «Das Recht des Besitzes» vorgelegt, in der er zum ersten Male das Recht der Völker als das Ergebnis einer in Jahrhunderten vollzogenen organischen Entwicklung deutete, die durch grobe Eingriffe nicht beschädigt werden

Friedrich Carl von Savigny. Bleistiftzeichnung eines unbekannten Künstlers, entstanden um 1805, kurz nach der Heirat Gunda Brentanos und Savignys.

durfte. Savigny war ein universeller Geist, ein stiller, fast leidenschaftsloser Beobachter und ein unermüdlicher Arbeiter, dessen nimmermüde «Studiermaschine» von dem Freund Clemens gelegentlich getadelt wurde. In der Figur des Jacopone seiner «Romanzen vom Rosenkranz» setzte er dem so grundverschiedenen Schwager ein respektvolles poetisches Denkmal:

Von Folianten rings umgeben
Sitzt der stolze Jacopone;
Hochgeehrt von den Klienten
Ist der junge, weise Doktor. . . .

Wenn er im Ornate stehet
Und krëierte die Doktoren,
Fließet ihm die stolze Rede
Gleich dem zweiten Cicerone. . . .

Am 17. April 1804 heirateten Gunda und Savigny in aller Stille, sehr zum Verdruß von Clemens und Christian, die vom Termin der Hochzeit nichts wußten, jedoch zur Freude der Schwägerin Antonia, die fest davon überzeugt war, daß Gundel den «besten Mann» bekommen hatte. Die Familie Brentano gewann in dem exzellenten Juristen einen kundigen Mentor in Ehe-, Scheidungs-, Vermögens- und Erbschaftsangelegenheiten, einen Berater beim Kauf und Verkauf des böhmischen Gutes Bukowan und später, nach dem Tod Achim von Arnims, den Vormund für dessen und Bettines unmündige Kinder.

Auf seinem zwischen Hanau und Gelnhausen gelegenen Majorats-Hofgut Trages, das noch heute von den Nachkommen bewohnt wird, gedieh bald ein fröhliches Romantikerleben, dem sogar Savignys zurückhaltendes Akademiker-Naturell einigen Geschmack abzugewinnen vermochte. «Es schleicht ein Tag nach dem andern so

anmutig vorüber», berichtete Bettine ihrer Freundin Günderrode von dort, «und der Savigny ist so anmutig und kindisch, daß wir ihn nicht verlassen können, alle Augenblicke hat eins ihm ein Geheimnis anzuvertrauen, der führt ihn in den Wald, der andere in die Laube, und die Gundel muß sichs gefallen lassen, und Gescheitsein ist gar nicht Mode, der Clemens hat ihm schon ein paar Wände mit abenteuerlichen Figuren vollgemalt, und Verse und Gedichte werden mit schwarzer Farbe an alle Wände groß geschrieben . . .» Auf Trages entstanden Partien des Romans «Godwi» von Clemens, und noch das Märchen «Gockel, Hinkel und Gakkeleia» spielt in dieser Landschaft.

Kurzen Professorenjahren im bayerischen Landshut folgte ein langes Wirken in Berlin, wo es Savigny zum Ordinarius an der Universität und Mitglied des Staatsrates, zum königlich-preußischen Staatsminister für Gesetzgebung mit dem Anspruch auf den Titel Exzellenz und zum Ritter des Schwarzen Adlerordens brachte. Die von ihm begründete Historische Rechtsschule eröffnete den Zugang zu den alten Rechtsquellen, die er sammelte und erschloß wie die Brüder Grimm ihre Märchen und Sagen. Als aber diese beiden Gelehrten, von denen Jacob einst Savignys erster Schüler gewesen war, zusammen mit fünf ihrer Kollegen an der Universität Göttingen gegen die Aufhebung des Staatsgrundgesetzes durch den König von Hannover protestierten und entlassen wurden, kam es zu einem ganz Deutschland erfassenden Eklat, dessen Wogen auch den Protagonisten der Historischen Rechtsschule nicht verschonten. Bettine, betriebsam wie immer, suchte den Schwager Savigny zur Hilfe für die Grimms zu bewegen. Der aber – kaum ein Mann von Zivilcourage und fest entschlossen, die Grenzen des Machbaren nicht zu überschreiten – verschanzte sich hinter höflich hinhaltenden Floskeln, was ihm die herbe Kritik Bettines und aller Fort-

Gunda von Savigny, geb. Brentano. Radierung von Ludwig Emil Grimm, 1809.

schrittsfreunde eintrug. Erst nach der Besteigung des preußischen Thrones durch Friedrich Wilhelm IV. erreichte er die Berufung der Brüder Grimm nach Berlin, wobei der diskreten Frau Gunda eine wichtige Mission zufiel, als sie in Kassel mit den Brüdern vertrauliche Gespräche führte.

Die Beziehungen zur emanzipierten Bettine schwankten von da an zwischen frostiger Distanz und familiärer Solidarität, worüber verschiedene Anekdoten überliefert sind. Als eines Abends bei Frau von Arnim ein ganzer Klub von Volksfreunden versammelt war, wurde Seine Exzellenz gemeldet. Bettine verließ nur kurz die diskutierende Runde, stürzte, wie ein Augenzeuge berichtet, «mit lautem dämonischem Gelächter» wieder herein und rief, so daß der vor der Tür wartende Savigny jedes Wort verstehen konnte: «Denken Sie sich nur, da kommt der Savigny, um meine Töchter zum Hofball abzuholen; ich sag ihm, er solle hereinkommen, ich wolle ihn mit meinen Demokraten bekannt machen; aber da bekam er Angst, und nun wartet und trippelt er draußen im Finstern herum.»

Ein solcher Affront hinderte Bettine aber nicht daran, Schwester und Schwager zu helfen, als sie die beiden in Bedrängnis wußte. Während der dramatischen Märztage des Jahres 1848 schlug sie sich ins verbarrikadierte Justizministerium durch, wo sie, umgeben von einer zitternden Dienerschaft, die Verwandten mit unterschiedlicher Lektüre beschäftigt fand. Der bekümmerte Savigny blätterte kopfschüttelnd im neuen preußischen Pressegesetz; die ebenso betrübte Gunda studierte eine schwarzumrandete Zeitung, in der die dreitägige Hoftrauer für die vor kurzem verstorbene Herzogin Caroline von Sachsen-Coburg-Gotha verkündet wurde. Auf Schleichwegen brachte Bettine die Papiere und Kleinodien der Savignys in Sicherheit.

Frau Gunda, der guten Katholikin, und Savigny, dem ergrauten Sproß einer Hugenottenfamilie, war noch ein langer glücklicher Lebensabend inmitten einer Welt vergönnt, die sie nicht mehr verstanden. Der gescheiterte Minister und große Wissenschaftler verschied am 25. Oktober 1861 in Berlin. Gunda starb, als letztes der Kinder von Maximiliane und Peter Anton Brentano, am 17. Mai 1863. Beide wurden auf dem Gut Trages im Vorspessart bestattet. Einer ihrer Söhne, wie der Vater Karl Friedrich geheißen, ging als Diplomat und Mitbegründer der Zentrumspartei in die preußische Geschichte ein.

In einer mehr als siebenundfünfzigjährigen Ehe war das Paar ein ruhender Pol in der Dynastie Brentano geblieben: im schwungvollen Wechsel ihrer Begabungen und Aktivitäten das Element der Dauer verkörpernd. Auch der Unrast der Zeit und dem Umsturz der Werte setzten die Savignys ihre Beharrlichkeit, Zuverlässigkeit, Beständigkeit entgegen – ganz so, wie sie es 1818 bei einem Aufenthalt im rheinischen Winkel dem Stammbuch der Schwägerin Antonia anvertraut hatten:

«Vieles in der Gesinnung und Neigung der Meisten wechselt mit dem Laufe der Jahre, und die Betrachtung dieses Wechsels erzeugt leicht das trostlose Gefühl von Vergänglichkeit unseres ganzes Wesens. Einiges aber wechselt nicht, und dieses Beharren deutet auf das Unvergänglichste mitten im Wandelbaren unseres Wesens. Dahin gehört die Liebe zu den Geschwistern und geschwisterlich Befreundeten, die uns durch alle Verhältnisse und Alter des Lebens begleitet, ein stiller treuer Freund in mancherlei Gestalten, und dennoch immer derselbe. So laßt uns in Eurer Freundschaft frisch und neu erhalten bleiben, wie Ihr auch in der Ferne in unserm Andenken unverändert fortlebet. Friedrich Carl und Gunda von Savigny.»

Bauer und Nachlaßverwalter – Christian Brentano

Das Grab in Aschaffenburg umschließt die Gebeine Clemens Brentanos und seines um sechs Jahre jüngeren Bruders Christian. Das Schicksal, das die beiden Brüder unter dem gleichen Hügel zur ewigen Ruhe brachte, konnte keinen sinnreicheren Ausdruck für das Verhältnis finden, das sie im Leben miteinander verband. Christian erscheint beinahe als der Doppelgänger von Clemens, nur ohne dessen poetische Genialität. Ebenso unstet, sprunghaft und bizarr wie dieser, mit einem gelegentlichen Hang zum Dilettieren in der Literatur und später mit dem gleichen Glaubenseifer einem mystisch gestimmten Katholizismus ergeben, mutet er zuweilen fast wie eine Karikatur auf Clemens an, zu dem er über weite Wegstrecken hin in einer ähnlichen Beziehung der Gefolgschaft stand wie Sancho Pansa zu Don Quijote. Manchmal stürmte er dem Älteren auch voran, wenn es galt, Attacken gegen die Windmühlen des Zeitgeistes zu reiten, aber dann stets im Sinne einer vorauseilenden Jüngerschaft, die da wußte, was dem Bruder demnächst frommen würde. So hat Christian vier Wochen vor Clemens die Generalbeichte in Berlin abgelegt, wie er ihn auch zuerst auf die stigmatisierte Nonne Anna Katharina Emmerick hinwies. Nur in einer Hinsicht schlug bei ihm der Kaufmannsgeist der Brentanos durch: in seiner absonderlichen Neigung zu Grundstücksspekulationen, die er allerdings mit so wechselndem Glück betrieb, daß selbst diese Leidenschaft manchmal wie eine Parodie auf die Geschäftstüchtigkeit der Familie wirkt.

Dabei war der am 24. Januar 1784 im Haus «Zum Goldenen Kopf» zu Frankfurt geborene Christian Brentano keineswegs unbegabt, nur gab er von Anfang an merkwürdigen, bisweilen rührenden Schrullen nach. In der strengen Zucht eines Dechanten zu Tauberbischofsheim vergoß er viele Tränen, die er in einer Büchse zu sammeln und nach Hause zu schicken beschloß. Die Lehre in einem Hamburger Handlungshaus quittierte er vorzeitig, dann nahm er in Grimma bei einem Mentor mathematischen Unterricht. Er studierte in Marburg Philosophie, anschließend in Jena Medizin, kehrte wieder nach Marburg zurück, begann zu zeichnen, erlernte ganz passabel das Flötenspiel, verfaßte Gedichte und Lustspiele, von denen später eines, «Der unglückliche Franzose oder Der deutschen Freiheit Himmelfahrt», sogar gedruckt wurde. Bei den Frankfurter Verwandten tauchte er als verbummelter Student wieder auf, wie Clemens mißbilligend berichtet: «ganz schmierig und eingeburscht, ein dreckichter Renommist aus Bisarrerie, kein Hemd hat er mitgebracht, spricht die gemeinste Studentensprache . . .» Trotzdem sei er eitel, eingebildet und altklug gewesen, von «mathematischem Dünkel» und auffallender «Jugendlosigkeit», die zusammen mit seinem «eingeburschten» Wesen eine seltsame Mixtur ergeben haben muß. Ins Dasein des Clemens griff der verschrobene Jüngling zweimal folgenreich ein. Er gab den Anstoß zur Wiederannäherung des Bruders an Sophie Mereau und war dann auch an der Stiftung von dessen zweiter Ehe beteiligt, als er die Entführung der kapriziösen Auguste Bußmann anzettelte.

Um Christians chaotisch schweifendem Geist eine feste Verankerung in der Wirklichkeit zu geben, schickten ihn die Angehörigen auf das böhmische Familiengut Bukowan, wo er eine Rübenzuckerfabrik einrichten sollte. Auch diese Unternehmung endete mit einem Fiasko: die Zuckerfabrik gedieh nicht hinaus über die künstlerische Ausgestaltung der Aktien, die Christian mit Grafiken von Philipp Otto Runge zu versehen gedachte. Clemens sah ihn dort halbe

Das böhmische Landgut Bukowan. Radiertes Bild-Ornament, entweder als Kopf eines Briefbogens oder als Probeabzug für eine Aktie.

Tage lang auf dem Sofa liegen, was seinen Zorn hervorrief: «Wenn ich bedenke, daß der Mensch, der mir klagt, er habe noch nicht zur Abrechnung Zeit finden können, derselbe, von dem ich kaum meine Obligationen erhalten konnte, Zeit hat, zu einem Gut, das nichts einträgt, Randzeichnungen um Aktien in Kupfer stechen zu lassen, möchte ich des Gugucks werden.» Später, nach dem Scheitern der Bukowaner Chimäre, verfiel Christian auf einen noch phantastischeren Plan: er erwog den Kauf der Insel Herrenchiemsee, um auf ihr eine Bauernsiedlung anzulegen. Clemens, konsterniert und in tausend Ängsten, sah den Bruder schon in einem durchlöcherten Kahn über den See fahren, nur um zu zeigen, daß auch dies nicht unmöglich sei. Dann aber beschloß der Bauer Christian Brentano, es damit genug sein zu lassen und sich fortan lieber mit Projekten von Ewigkeitswert zu beschäftigen.

Mag sein, daß ihn die geistliche Wende des älteren Bruders dabei leitete, mag auch sein, daß er selbst nach so vielen Wirrnissen dazu neigte, nun endlich innere Einkehr zu halten. Die Ablegung der Generalbeichte und die Entdeckung der Nonne zu Dülmen versöhnte ihn nicht nur mit dem Glauben der Väter, sondern begründete ein geradezu herzliches Verhältnis zu Clemens, das bis zu dessen Ende anhalten sollte. Die Rückkehr zur Kirche bahnte gleichzeitig die Versöhnung mit der Familie an, in deren italienische Urheimat es jetzt Christian Brentano mit Macht zog. Aber nicht am Comer See, sondern direkt in der Ewigen Stadt schlug er für die Dauer von fast fünf Jahren seinen Wohnsitz auf, um sich auf den Priesterberuf vorzubereiten. Als Hausnachbar des Bildhauers Bertel Thorvaldsen sowie im Umgang mit deutschen Malern wie Franz Overbeck und den Brüdern Veit erlebte er die Stadt der Sieben Hügel, auch wenn es ihm zunächst mißfiel, daß sich die Römer nicht nach der italienischen Grammatik richteten, die er vorher zu Hause gekauft hatte. Gegen die antiklerikale Schrift eines freisinnigen französischen Grafen, die unter dem Titel «Rom, wie es ist» auch in deutscher Sprache erschienen war, polemisierte er mit dem Traktat «Rom, wie es in Wahrheit ist», in dem er ein nazarenisch stilisiertes Rom-Bild verkündete. Trotz der reichlich geübten frommen Öldruck-Manier verrät das Reisefeuilleton, daß Christian Brentano die Feder gewandt zu führen vermochte. Mit der Priesterweihe wurde es freilich nichts: Herbst 1827 war der Pilger wieder in Deutschland, wo er nun das Himmlische mit dem Irdischen auf seine Weise zu vereinen beabsichtigte.

Bei Boppard erwarb er das Kloster Marienberg, um dort ein Mädchenpensionat zu eröffnen. Eine der Erzieherinnen, Emilie Grenger, brachte immerhin das Kunststück zustande, den über Fünfzigjährigen auf Freiersfüßen wandeln zu lassen, obwohl sie mehr als ein Vierteljahrhundert jünger war. 1835 heirateten sie in Nizza: unter den Kindern, die aus der Ehe hervorgingen, waren Franz und Ludwig Joseph, genannt Lujo, die beide später in die deutsche Geistesgeschichte eingreifen sollten. Das desolate Marien-

Christian Brentano (1784–1851). Ölgemälde von Joseph Anton Nicolaus Settegast, etwa 1835–1838, und Christian Brentanos Gattin Emilie, geb. Genger (1810–1882). Ölgemälde von Joseph Anton Nicolaus Settegast, etwa 1835–1838.

berger Erziehungsinstitut wurde verkauft, nachdem der Streit Christians mit einem Lehrer ihm auch diese pädagogische Mission vergällt hatte.

Daraufhin ließ sich das Paar in Aschaffenburg nieder, wo es auf einem Hügelzug über dem Main ein gastfreies Haus führte. Mancher Angehörige der Dynastie Brentano und viele Mitstreiter aus der katholischen Bewegung fanden dort eine Herberge, die Christian mit seinen Drolerien erfüllte, von denen er dann unvermittelt in Glaubensinbrunst und eschatologische Weissagungen verfiel. Die zahlreichen Besucher, darunter etliche geistliche Herren, hat das dichte Nebeneinander von Narrheit und Frömmigkeit nicht gestört, auch nicht den Bruder Clemens, dem keine geeignetere Stätte für sein Sterben beschert werden

«In Aschaffenburg – Christian Brentanos Vorlesung». Heiteres
Blatt aus Ludwig Emil Grimms «Reisetagebuch in Bildern».

konnte als das Domizil des alten brüderlichen Schildknappen und Doppelgängers.

Das Verhältnis zu Clemens steigerte sich nach dessen Tod zu ebenso pietätvoller wie eigenmächtiger Statthalterschaft, die Christian bis zum eigenen Ende zu seiner Sache machte. Als Universalerbe des Bruders setzte er alles daran, einen Clemens Brentano für den christlichen Hausgebrauch zu modeln. Er und seine Frau Emilie benutzten den Rotstift, um die erotischen oder anarchischen Phantasien des Bruders zu beschneiden. Sie setzten fehlende Strophen hinzu oder dichteten welche um, manchmal mit beachtlichem Geschick, öfter aber doch entschärfend und banalisierend. Als Schwester Bettine daran ging, «Clemens Brentanos Frühlingskranz» herauszugeben, drohte ihr Christian – «Gott verhüte es!» – mit gerichtlichen Konsequenzen und erläuterte gleichzeitig, daß er des toten Dich-

ters Intentionen schließlich am besten kannte. Weniger um unzensierte Veröffentlichung des Nachlasses ginge es, sondern um eine «moderierte», womit er Bettine von ihrem Unterfangen allerdings nicht abzuschrecken vermochte. Die sieben Bände der solchermaßen «gereinigten» Schriften von Clemens erschienen 1852 bei Sauerländer in Frankfurt.

Christian hat die Veröffentlichung der verschnittenen Ausgabe nicht mehr erlebt, die für das Brentano-Bild nahezu eines Jahrhunderts ihre Nachwirkungen haben sollte. Während einer Reise, infolge der Aufregungen über einen mißratenen Immobilienhandel, traf ihn im Bahnhof von Hanau der Schlag. Man brachte ihn noch nach Frankfurt ins Haus «Zum Goldenen Kopf», wo er vor mehr als siebenundsechzig Jahren seinen wunderlichen, an Kurven und Saltos reichen Erdenlauf begonnen hatte. Dort beendete er ihn auch am 27. Oktober 1851, wodurch Christian Brentanos Leben nach so vielen Dissonanzen zu einem gewissen harmonischen Abschluß gelangte, indem es zur Stätte seines Anfangs zurücklenkte. Frau Emilie wußte jedoch, daß das Hinscheiden ihres Mannes in seinem Geburtshaus nicht die allerletzte Station sein durfte, und so ließ sie den Leichnam nach dem Friedhof von Aschaffenburg überführen, wo er nun, an der Seite des Bruders Clemens, die Auferstehung von den Toten erwartet.

Bettine Brentano. Farbige Miniatur, unbezeichnet, 1809.

Feuer und Magnetismus –

Bettine Brentano und ihre Ehe mit Ludwig Achim von Arnim

Fräulein Bettine Brentano – fünfundzwanzig Jahre alt und Braut des Poeten Achim von Arnim – will anno 1810 im böhmischen Badeort Teplitz mit dem über sechzigjährigen berühmten Dichter und sachsen-weimarischen Staatsminister Johann Wolfgang von Goethe die folgende Szene erlebt haben:

«Es war in der Abenddämmerung im heißen Augustmonat. Er saß am offnen Fenster. Ich stand vor ihm, der Blick scharf ihm ins Auge gedrückt, wie ein Pfeil, blieb drin haften. Vielleicht weil er's nicht länger ertragen mochte, fragte er, ob mir nicht warm sei. Ich nickte. ‹So laß doch die Kühlung Dich anwehen›, sagte er und öffnete meine Kleidung. Ich ward rot. Er sagt: ‹Das Abendrot hat sich auf Deine Wangen eingebrannt›, und küßt mich auf die Brust und senkt die Stirne drauf. ‹Kein Wunder!› sagt' ich ganz leise, ‹meine Sonne geht mir im eignen Busen unter.› Er sah mich an, und waren beide still eine Weile. Er fragt': ‹Hat Dir nie jemand den Busen berührt?› – ‹Nein›, sagt' ich, ‹mir selbst ist's so fremd, daß Du mich anrührst.› – Heftige Küsse.»

Bettine hat, aus der Rückschau von fast einem Vierteljahrhundert, nicht weniger als vier Varianten dieses Vorfalls niedergeschrieben, ohne sie jedoch in ihrem Buch «Goethes Briefwechsel mit einem Kinde» zu veröffentlichen. Dort ist die Szene, wesentlich zurückhaltender, auf den Vorgang reduziert, wie er sich vielleicht abgespielt haben könnte. Der genaue Hergang wird freilich immer im Dunkel bleiben. Wenn der Erzähler das Bildnis Bettine Brentanos, das er hier zu geben hat, ausgerechnet mit dieser Schilderung beginnt, so ganz gewiß nicht, um als Voyeur durch das Schlüsselloch ein Tête-à-tête auf dem deutschen Olymp zu erspähen. Der Text, dessen schwebendem Zauber sich auch heute kaum ein Leser entziehen wird, enthält wie ein Brennspiegel die ganze Bettine: die fließenden Übergänge von der Wirklichkeit zur Phantasie, zwischen denen jede Grenze aufgehoben ist; das Ineinandergleiten von Naivität und Raffinement; die instinktive Selbststilisierung der Verfasserin zur Mignon-Figur, deren magnetischer Anziehungskraft auch das Genie verfällt; die Mythisierung endlich des Genies, hier Goethes, zur wahrhaft olympischen Jupiter-Gestalt. Es wird für immer erstaunlich bleiben, wie diese irrlichtelierende Doppeldeutigkeit und poetische Steigerung in einem knappen Text erreicht worden sind, dessen hervorstechende Merkmale doch eigentlich kammerspielartige Intimität und Schlichtheit zu sein scheinen.

Bettine hat sich in der Szene zum bisher unberührten «Kind» stilisiert, dessen erotischer Brisanz der alternde Goethe gleichwohl erlag. Damals zählte sie fünfundzwanzig Jahre, aber noch der reifen Frau war es zuzutrauen, daß sie in einer Gesellschaft beim Grafen Gneisenau, dem Stadtkommandanten von Berlin, auftauchte und sich ihm still zu Füßen warf, den Kopf zwischen seine Knie legte und so stumm verharrte, bis der letzte Gast den Salon verlassen hatte. Der General bescheinigte ihr daraufhin, daß er immer seine Freude an ihr gehabt hätte, «wie ein Vater an seiner geistreichen Tochter», wenn er «auch nicht immer ihre Vernachlässigung der konventionellen Formen zu verteidigen vermochte»!

Das erotische Element war sicher die Lebensmitte, aus

der heraus diese Frau schrieb, handelte und anderen Menschen begegnete, wobei sie oft genug die «konventionellen Formen» vernachlässigte. Ihre Domäne war freilich eher das erotisch temperierte Gespräch oder die verzückte Attitüde, nicht etwa die direkte körperliche Annäherung. Gegen plumpe Zudringlichkeiten wußte sie sich resolut und temperamentvoll zur Wehr zu setzen, auch wenn diese von Männern ausgingen, die sie sonst achtete. Die irdische Liebe blieb dem Gatten Achim von Arnim vorbehalten, dem Bettine nach einem Besuch bei dem von ihr hochgeschätzten Theologen Schleiermacher entrüstet schrieb: «Vorgestern war ich bei Schleiermacher, seine Frau ging einen Augenblick hinaus, da wollte er mich küssen, welches ich aber sehr geschickt und kaltblütig ausparierte. Der Sappermenter! Ich versicherte ihm auch ganz ruhig, daß ich nie gern geküßt habe, und wenn ich den Leuten sonst noch so gut wär, könne ich bei solcher Gelegenheit dem Ekel nicht widerstehen. Ich hab mich doch sehr geändert, sonst hätte ich ihm wahrscheinlich eine Rippe eingetreten.» Die in einen warmen Teplitzer Augustabend zurückprojizierte Liebesstunde mit Goethe war wohl auch mehr eine Art Unio mystica gewesen, die für Bettine allerdings einen höheren Grad von Wahrheit besessen haben muß.

Aufdringlichkeit war ihr indessen selbst nicht fremd, wenn sie ein Ziel durchsetzen wollte, was gut zu dem Bild des «Kindes» paßt, das sie zeitlebens in sich zu konservieren trachtete. Bei einem Aufenthalt in Kreuznach nötigte die mittlerweile fast Sechzigjährige den jungen Doktor Karl Marx zu einem nächtlichen Ausflug mit ihr, obwohl er lieber bei seiner Verlobten geblieben wäre. Die Unlenksamkeit und Spielfreude des «Kindes», auch seine Lust an Mummenschanz und Neckerei, erhielt sie sich bis ins Alter, obwohl sie damit oft eine bestimmte Absicht ebenso hartnäckig wie kapriziös umkreiste. Der Schriftsteller Karl

Gutzkow besuchte die über fünfzigjährige Bettine in Berlin und fand in ihr eine «gaukelnde Sylphide», die dem «bedächtigen Ernst des Mannes immer im Vorsprung» war. Der geistvollste Mann, so Gutzkow, sei ihm diesem weiblichen Kobold gegenüber wie ein Pedant vorgekommen. «Sie wirft dir ein Paradoxon an den Kopf, du sinnst darüber, willst Aufklärung und wirst von ihr wie ein Bär im Kreise herumgeführt; sie spottet deiner Gründlichkeit; sie ist ein Poet.»

Menschliche Abstufungen und Gegensätze, die im Ensemble der Dynastie Brentano so reich vorhanden waren und oft aufeinanderstießen, waren in Bettine vereinigt. Achim von Arnim, ihr späterer Mann, muß diese Mischung ganz unterschiedlicher verwandtschaftlicher Komponenten sogleich gespürt haben, als er die künftige Braut im Jahr 1802 kennenlernte. Damals schrieb er an ihren Bruder Clemens: «Ich habe einmal Deine ganze Familie aus der Verbindung von Feuer und Magnetismus konstruiert; Bettine ist die höhere Vereinigung von beiden.»

Feuer und Magnetismus gingen unter den Bewohnern des Frankfurter Hauses «Zum Goldenen Kopf» schon lange um, als sich am 4. April 1785 zu ihnen das dreizehnte Kind des Handelsherrn Peter Anton Brentano gesellte, das siebente aus seiner Ehe mit Frau Maximiliane. «Ich heiße Catarina Elisabetha Ludovica Magdalena und werde vulgairement genannt Bettina», schrieb das Kind später, das sich dann meistens Bettine nannte. Unter allen ihren vielen Geschwistern hat sie sich nachher, schon in den Ehejahren mit Arnim und mehr noch in der Zeit ihres Schriftstellerruhms, am weitesten von der Familie entfernt, weiter sogar als Clemens, der vagabundierende Literat. Trotzdem blieb sie immer mit der Welt ihres Herkommens durch eine unsichtbare Nabelschnur verbunden, die sie nie ganz abschnitt: die mutige Sprecherin vor dem preußischen Kö-

Bettine als junges Mädchen. Diese vermutlich erst 1851 entstandene Bleistiftzeichnung schuf Ludwig Emil Grimm nach Skizzen aus der Landshuter Zeit, die mehr als vierzig Jahre zurücklag.

Jagdszene. Scherenschnitt von Bettine Brentano.

nigsthron war eine geborene Reichsstädterin, deren Familie den Vergleich mit märkischen Landjunkern nicht zu scheuen brauchte. Als sie längst Frau von Arnim hieß, stattete sie in ihren Büchern die Verwandten eher mit verklärenden als mit kritischen Zügen aus. Selbst der Vater, der sie nach dem frühen Tod der Mutter zusammen mit den Schwestern Gunda, Lulu und Meline ins Kloster Fritzlar schickte, erscheint in Bettines Rückschau als zwar verschlossener, jedoch im Grunde unglücklicher Mann, unter dessen rauher Schale ein liebevolles Herz schlug.

Nach der Klosterschule kam sie ins Haus der Großmutter Sophie zu Offenbach, gegen deren schon ein wenig verzopft anmutenden Erziehungsdrang sie ihre Oppositionslust üben lernte. Erst jetzt, als Zwölfjährige, sah sie zum ersten Male den um sieben Jahre älteren Bruder Clemens, der seine mißratenen beruflichen Gehversuche außerhalb des Familienkreises unternommen hatte. Später kam sie gegenüber dem Bruder immer wieder auf den unvergeßlichen Augenblick dieser ersten Begegnung zurück: «Clemente! . . . Ich sah Dich an und kannte Dich nicht und hielt Dich für einen fremden Mann, der mir aber so wohlgefiel mit seiner blendenden Stirne und Dein schwarz Haar so dicht und so weich, und Du setztest Dich auf den Stuhl und nahmst mich auf einmal in Deine zwei Arme und sagtest: ‹Weißt Du, wer ich bin? Ich bin der Clemens!› Und da klammerte ich mich an Dich, aber gleich darauf hattest Du die Puppe unter dem Tisch hervorgeholt und mir in die Arme gelegt; ich wollte aber die nicht mehr, ich wollte nur Dich. Ach, das war eine große Wendung in meinem Schicksal, gleich denselben Augenblick, wie ich statt der Puppe Dich umhalste.»

Ein Kind sollte und wollte sie bleiben, und auch das «Umhalsen» gehörte fortan zu den bevorzugten Gebärden des liebebedürftigen Mädchens. Sie schloß sich der Dichterin

Karoline von Günderrode an, deren Schicksal, das im Freitod endete, sie später in ihrem zweiten Briefroman verherrlichte. Sie lebte jahrelang mit Verwandten zusammen, in Frankfurt, München und im bayerischen Landshut, wo ihr Schwager Savigny als Professor der Rechtswissenschaft wirkte. Einer seiner Studenten, Max Prokop von Freyberg, war der erste jener jüngeren Männer, für die Bettine von da an eine besondere Neigung empfand. Der Zwanzigjährige, einem beinahe noch pubertären Gefühlsüberschwang zugetan, fand in der um vier Jahre Älteren eine ideale Partnerin, mit der er am Gaisberg bei Salzburg, unterm nächtlichen Sternenzelt, einen Seelenbund stiftete, aus dem ein langer emphatischer Briefwechsel hervorging. Ihren erotisch angehauchten Enthusiasmus sublimierte die junge Dame durch Zeichenübungen und musikalische Studien, die sie bald darauf in ungeahnter Weise vertiefen konnte. In der Kaiserstadt Wien wurden ihr alle «Gesellschaften, Galerien, Theater und sogar der Stephansturm» unwesentlich, als die Schwägerin Antonia sie bei Beethoven in dessen Behausung auf der Mölkerbastei einführte. Die Gespräche und Musizierstunden mit dem Meister des «Fidelio» befestigten Bettine in dem romantischen Geniekult, den sie schon vorher zielstrebig und inbrünstig auch noch auf einen anderen gerichtet hatte: auf Goethe.

Der Dichter des «Werther» trieb das Mädchen um, seit es auf dem Dachboden der Großmutter die Briefe gefunden hatte, die einst an Maximiliane La Roche ergangen waren. Der Flirt des Götterjünglings mit ihrer Mutter schoß in Bettines nachschaffender Phantasie zu einer großen Leidenschaft auf, der nur leider die Erfüllung vorenthalten geblieben war. Was würde aus Goethe und mit ihm aus der deutschen Literatur geworden sein, wenn man damals die Jungfrau nicht mit einem italienischen Gewürzhändler zwangsweise kopuliert hätte? Bettine beschloß, den

Goethe. Ölgemälde von Franz Gerhard von Kügelgen in Dresden, um 1810.

Schicksalsfaden wieder dort aufzunehmen, wo er vor langer Zeit von prosaischen Mächten zerschnitten worden war, und suchte zunächst die Bekanntschaft von Goethes alter Mutter, die über jene alte Geschichte genau Bescheid wußte und die Familie Brentano seit Jahrzehnten kannte. Am 23. April 1807 erschien Bettine zum ersten Male im Weimarer Haus am Frauenplan, vorgestellt durch ein Empfehlungsschreiben Wielands, das sie als «Bettina Brentano, Sophiens Schwester, Maximilianes Tochter, Sophien La Roches Enkelin» präsentierte – eine glänzendere Legitimation war kaum zu denken! Bereits Anfang November war die Enthusiastin in Begleitung der Savignys, des Bruders Clemens und Achim von Arnims wieder in Weimar. Die Beziehungen zu dem Dichterfürsten sind dabei jedenfalls vertieft worden. Sie sah ihn wiederholt allein und saß neben ihm in seiner Theaterloge.

Was ihr mit diesen Besuchen noch nicht gelungen war, suchte sie nun mit temperamentvollen Briefen zu erreichen, in denen sie kindliche Einfalt, erotischen Instinkt und psalmenhafte Feierlichkeit unnachahmlich mischte. Sie duzte nun den Olympier, der manchem Zeitgenossen längst zum kalten Standbild geworden war, und rief ihm werbend zu: «Umarme mich, weißer Carrarischer Stein!» Kurz vor Weihnachten 1807 erhielt sie von Goethe zwei Sonette, in denen er Feuer und Magnetismus ihrer Ergüsse fast wörtlich verarbeitet hatte.

Das leidenschaftlich geführte Brief-Duett mit dem Erhabenen füllte auch die nächsten beiden Jahre, während sich das Verhältnis mit Arnim langsam stabilisierte und schließlich Aussichten auf die eheliche Verbindung mit ihm eröffnete. Der Höhepunkt der Goethe-Passion, soweit sie sich überhaupt irdisch vollziehen ließ, blieb dann den Augusttagen des Jahres 1810 vorbehalten, als Bettine, von den Wiener Begegnungen mit Beethoven kommend, ohne-

hin auf ein Hochgefühl romantischer Heldenverehrung gestimmt war. Im böhmischen Teplitz will sie mit dem Abgott die einsame Stunde gefeiert haben, die am Anfang unserer Erzählung stand. Was hier als historische Wahrheit gelten darf und was lediglich als ein Stück hinreißender erotischer Literatur aufgefaßt werden muß, ist auch dem Spürsinn akribischer Goethe-Forscher verborgen geblieben: wo die exakten Quellen versagen, beginnt nun einmal die Dichtung! Goethe seinerseits hielt es immerhin für angeraten, Frau Christiane zu informieren, die zu Hause in Weimar geblieben war: «Vor allen Dingen muß ich Dir ein Abenteuer erzählen. Ich war eben in ein neues Quartier gezogen und saß ganz ruhig auf meinem Zimmer. Da geht die Türe auf und ein Frauenzimmer kommt herein. Ich denke, es hat sich jemand von unsern Mitbewohnern verirrt; aber siehe, es ist Bettine, die auf mich zugesprungen kommt und noch völlig ist, wie wir sie gekannt haben. . . . Sie hat mir Unendliches erzählt von alten und neuen Abenteuern.» Und zwei Tage später, wieder in einem Brief an Christiane: «Bettine ist gestern fort. Sie war wirklich hübscher und liebenswürdiger wie sonst, aber gegen andre Menschen sehr unartig. Mit Arnim ists wohl gewiß.»

Bettine und Christiane verkörperten nun freilich zwei völlig verschiedene weibliche Temperamente, die zwar beide in Goethes weiter seelischer Landschaft ihre Plätze hatten, ansonsten aber voneinander geschieden waren wie Feuer und Wasser. Mag sein, daß die intellektuell anspruchsvolle Frankfurterin für Goethes Ehefrau schon lange ein Ärgernis war, die mit hochmütigen Damen der Weimarer Gesellschaft viele demütigende Erfahrungen sammeln mußte. Mag auch sein, daß in der Brentano-Tochter unterschwellig das Gefühl rege war, daß sich Christiane die Rolle anmaßte, die eigentlich Maximiliane oder gar ihr selbst, Bettine, gebührt hätte. Jedenfalls kam es zum

Achim von Arnim. Dieses von Peter Eduard Ströhling in London, Frühjahr 1804, gemalte Ölbild war ein Patengeschenk für Clemens Brentanos erstes Kind, das kurz nach der Geburt starb. Später schenkte es Clemens seiner Schwester Bettine.

Das Gutshaus in Wiepersdorf. Zeichnung, vielleicht von Bettines und Arnims Tochter Armgart.

Eklat, als sie, seit einigen Monaten Frau von Arnim, zusammen mit ihrem Mann im Spätsommer 1811 an der Ilm Station machte.

Man beging noch gemeinsam Jupiters zweiundsechzigsten Geburtstag, dann fuhr ein schneidender Schicksalsblitz in Bettines olympische Träumereien. Anläßlich einer Kunstausstellung sollen die beiden Kontrahentinnen in einen wilden Streit verfallen sein: von einer Ohrfeige der Frau von Goethe ist die Rede, die sie der Frau von Arnim verabreicht haben soll, ganz zu schweigen von der Brille, die sie, wenn man den Schwätzern glauben darf, Bettine von der Nase gerissen und auf dem Boden zerstampft hat. Doch damit nicht genug: der wütend den Schauplatz dieser Schmach verlassenden Christiane habe Frau von Arnim die Worte «Sie wahnsinnige Blutwurst!» hinterhergerufen, womit der Skandal komplett gewesen sei. Wir drängen uns nicht länger in die peinliche Szene, die wieder nur durch vagen Klatsch überliefert ist. Goethe jedenfalls wußte, was er zu tun hatte, und verbot den Arnims kurzerhand das Haus, woran auch ein beschwichtigender Brief des braven Achim nichts mehr ändern konnte. Als der Dichter ein Jahr später abermals in Teplitz mit dem Ehepaar konfrontiert wurde, meldete er nur lapidar seiner Frau: «Von Arnims nehme ich nicht die mindeste Notiz, ich bin sehr froh, daß ich die Tollhäusler los bin.» Bettines Goethe-Rausch, der doch geradezu ihrem familiären Erbe angehörte, ließ sich nur noch literarisch fortspinnen.

Die Ehe mit Achim von Arnim, dem «Herzbruder» des Wunderhornisten Clemens, war März 1811 in Berlin nach langem Schwanken und vorsichtigen gegenseitigen Erkundungen geschlossen worden, die fast ein Jahrzehnt in Anspruch genommen hatten. Aus der Ehe gingen zunächst vier Söhne hervor: Freimund, Siegmund, Friedmund und Kühnemund, deren teutsche Namen der patriotischen Ge-

sinnung Arnims zuzuschreiben waren, die er unter dem Eindruck der antinapoleonischen Befreiungskriege entfaltete. Dann folgten noch drei Töchter: Maximiliane, die an Bettines unvergeßliche Mutter erinnern sollte, darauf Armgart und schließlich, fast schon als Nachzüglerin, Gisela. Während die Kinder, unter der Obhut Bettines, meistens in Berlin aufwuchsen, zog sich Arnim mehr und mehr auf sein Gut Wiepersdorf zurück, das er in der Nähe von Jüterbog in verwahrlostem und verschuldetem Zustand übernommen hatte. Dort lebte er unter Aufbietung aller seiner Kraft als Bauer dahin, die Schreibfeder häufig mit dem Pflug vertauschend. Zwar wuchs auch noch in der Wiepersdorfer Einöde sein Werk, aber die Bergung der Garben vom Felde war ihm mindestens ebenso wichtig wie die Einfuhr der poetischen Ernte.

So konnte es geschehen, daß ihm der elfjährige Freimund aus Berlin die folgenden Zeilen schrieb: «Wie geht es dir, da du so allein auf dem Lande bist? Die Mutter vertreibt sich die Zeit mit zeichnen, wobei sie uns immer braucht,

Herr und Frau von Arnim bei +6° Kälte. Karikaturistische Federzeichnung von unbekannter Hand. Arnim war das Karikaturenwesen ein Greuel.

heute hat sie mein Ohr abgezeichnet. Die Tante Savigny [Gunda] hat uns ein Schattenspiel geschenkt, dazu schneidet Herr Biedermann [ein Lehrer] mit uns in den Spielstunden Figuren aus, auch werden wir nächstens ein Theater machen; Nachmittags zeichnen wir, Friedmund macht es sehr gut, aber Siegmund hat keine Geduld. Am Abend liest uns Herr Biedermann etwas vor. Wenn du bald wieder einen Brief von mir haben willst so antworte mir auch bald. Ich möchte gerne wissen was meine Kanikel und Siegmunds Amsel machen. adieu lieber Vater. Dein gehorsamer Sohn Freimund.» Bettine benutzte das Blatt, um über ihre Sorgen mit der Kindererziehung zu berichten und Arnim energisch aufzufordern: «... ich erwarte Dich also ganz gewiß und hoffe, daß es Dir wesentlicher deucht, Deinen Kindern zu helfen wie dem Vieh.»

Die Nachwelt verdankt der räumlichen Entfernung, die meistens zwischen den beiden Ehegatten lag, einen der schönsten Briefwechsel deutscher Sprache, der gerade auch dort, wo Gegensätze und Spannungen die Partner beschäftigen, die ganze Skala eines schwierigen Lebensbundes ausschreitet. Oft ist in den Briefen mehr von Kinderkrankheiten, Zahlungsschwierigkeiten und Prozessen, vom Stillen und von Ställen, von Dienstboten, Schafwollpreisen und Hagelschlag die Rede als von der deutschen Literatur. Bei seinen immer selteneren Aufenthalten in den Berliner Literatensalons schweiften Arnims Gedanken zu nützlicheren Tätigkeiten ab, beispielsweise zur bevorstehenden Kartoffelernte, was Bettines bittere Kritik hervorrief. Wenn sie ihn wegen seines Eigenbrötlerdaseins rügte, wies er sie mit der ruhigen Würde des Bauern zurecht, der sich mit den einfachen Phänomenen des Daseins im Einklang wußte: «Schimpfe nicht auf mein armes Gut bei den Leuten und verhöhne es nicht, es tut mir weh, ich habe keine Eitelkeit darauf, aber ich weiß doch, daß Gras und Bäume grün und der Himmel blau ist... Darum ist es auch nicht recht, wenn Du Bärenhäuterfreuden die großen Ereignisse nennst wie Erntefeste, um die sich das Leben dieser Erde in seinen großen Erscheinungen wendet.»

Dergleichen Dissonanzen vermochten die Lebensgemeinschaft des merkwürdigen Paars jedoch nicht grundsätzlich zu gefährden. Während Arnim in Wiepersdorf als Pflüger und gelegentlich auch noch als Dichter wirtschaftete, galt Bettine in Berlin als Antipodin Rahel Varnhagens, zu der sie ein manchmal prekäres, jedoch auf beiderseitigem Respekt gegründetes Verhältnis entwickelte. Als die Jüdin, die «Beichtmutter» zahlloser ratsuchender Menschen, auf dem Sterbebett lag, wurde sie von Frau von Arnim gepflegt. Sogar eine sehr behutsame Wiederannäherung an Goethe ergab sich, nachdem Christiane gestorben war. In diese Betriebsamkeiten fuhr wieder ein Wetterstrahl, mit dem Bettine nicht gerechnet hatte: am 21. Ja-

Knabe mit Eule. Bleistiftzeichnung von Bettine auf dünnem Pauspapier, auf elfenbeinfarbenen Karton montiert.

nuar 1831, fünf Tage vor seinem fünfzigsten Geburtstag, traf Achim von Arnim der tödliche Nervenschlag, als er gerade in Ludwig Tiecks romantischem Bekenntnisroman «Franz Sternbalds Wanderungen» las. Bettine nahm die Nachricht mit Entsetzen auf, wandte sich aber dann entschlossen der Herausgabe von Arnims dichterischem Werk zu, wofür sie den alten Freund Wilhelm Grimm gewann. Nur vier Jahre später folgte der Tod des achtzehnjährigen Sohnes Kühnemund, der einem Unfall beim Schwimmen zum Opfer fiel.

Bettine reagierte auf die Herausforderungen, indem sie energisch ein neues Kapitel ihres Lebensbuches aufschlug, das sie von nun an allein bestimmte. Bereits die Hilfe, die sie zur Linderung und Abwehr der in Berlin grassierenden Cholera-Epidemie organisierte, zeigte an, daß sie sich von jetzt an in die Zeitläufte einzumischen gedachte. Für den mißachteten Maler Carl Blechen veranstaltete sie eine Lotterie, um ihm eine neuerliche Reise nach Italien zu ermöglichen, was seinen Untergang in Melancholie und geistiger Umnachtung allerdings nicht verhindern konnte.

Als im Jahr 1837 die Brüder Grimm, die ihr einst die «Kinder- und Hausmärchen» gewidmet hatten, zusammen mit fünf Universitätskollegen gegen den Verfassungsbruch des Königs von Hannover protestierten und aus dem Amt geworfen wurden, beschloß Bettine, für die Brüder «herzhaft in die Dornen der Zeit zu greifen». Sie suchte den einflußreichen Schwager Savigny vergeblich zu einer Hilfsaktion für die alten Freunde zu bewegen. Daß sie damit die Beziehungen zu ihren Berliner Verwandten einer schweren Belastungsprobe unterwarf, haben wir schon erzählt. Sogar an den preußischen Kronprinzen Friedrich Wilhelm wandte sie sich in dieser spektakulären Angelegenheit, und da sie den Herrscher auf dem deutschen Olymp geduzt hatte, wandte sie die gleiche vertrauliche

Bettine Brentano. Bleistiftzeichnung von Wilhelm Hensel, um 1833, etwa in der Entstehungszeit von «Goethes Briefwechsel mit einem Kinde».

Bettine mit dem Modell ihres Goethedenkmals. Radierung von Ludwig Emil Grimm, nach einer Zeichnung von 1838.

Anrede auch in den Briefen an, die sie dem Thronfolger und später dem König schrieb. Erst 1840, nach der Übernahme der Regierungsgeschäfte durch Friedrich Wilhelm IV., führten Bettines beharrliche Interventionen zum Ziel: die Brüder Grimm wurden nach Berlin berufen.

Vor allem aber trat jetzt die Schriftstellerin Bettine von Arnim vor die Öffentlichkeit – ein Wagnis, zu dem sie sich erst nach dem Hinscheiden Arnims und Goethes entschließen konnte. Aus der einst mit dem umschwärmten Idol zu Weimar geführten Korrespondenz wollte sie ein literarisches Epitaph ganz eigener Art errichten, das ihr der Bruder Clemens vergeblich auszureden versuchte: «Wird dem Ganzen dadurch irgendein Nutzen gebracht, daß alle Menschen in Europa wissen, daß Du nicht wohlerzogen auf dem Sofa sitzen kannst und Dich übelerzogen auf eines Mannes Schoß setzest?» Das Buch «Goethes Briefwechsel mit einem Kinde», erschienen 1835, schmolz die Dokumente von Bettines Zwiegespräch mit dem Meister in ein poetisches Monument um, das nicht auf philologische Genauigkeit, sondern auf Mythologisierung und Apotheose angelegt war. In diesem Sinne beruhte die eminente Wirkung des Werkes auf Mißverständnissen: die jungen Leute des Vormärz hielten die Selbststilisierung der Verfasserin, in der sie eine Identifikationsfigur begrüßten, sowie die von ihr mitgeteilten Anekdoten für historische Wahrheit. Bettine hat dann mit dem Briefroman «Die Günderode» und, nach dem Tod des Bruders, mit «Clemens Brentanos Frühlingskranz» die von ihr miterlebte Zeit des Aufbruchs der Romantik in ähnlich freier Weise verarbeitet. Namentlich der «Frühlingskranz» geriet ihr zur verklärenden Rückblende auf die Familie, aus der sie hervorgegangen war und mit der sie sich auch jetzt noch verbunden wußte.

Aber Frau von Arnim wollte «herzhaft in die Dornen der Zeit greifen», und so ließ sie es nicht mit der Erzählung der

eigenen glanzvollen Lebensgeschichte bewenden. Mit der Schrift «Dies Buch gehört dem König» wandte sie sich unmittelbar an Friedrich Wilhelm IV., um den Monarchen auf den Weg eines «Volkskönigtums» zu leiten. Keine Bürokratie und keine privilegierte Oberschicht sollten sich mehr zwischen das Volk und den Regenten stellen, dem die Autorin auch den Schutz von Minderheiten, der Juden und Strafgefangenen, anempfahl. Bettines Vision einer Volksbewegung mit dem König an der Spitze war so beeindruckend und verwegen, daß der Schriftsteller Karl Gutzkow resümierte: «Traurig genug, daß nur ein Weib das sagen

König Friedrich Wilhelm IV. in seinem Arbeitskabinett im Berliner Schloß. Ölgemälde von Franz Krüger, um 1846 (links).

«Die Vögel, die kaum befiedert im Frühlicht flattern...»: Handschriftlicher Entwurf Bettines zu ihrer Ode «Petöfi dem Sonnengott», um 1850 (rechts).

durfte, was jeden Mann hinter Schloß und Riegel würde gebracht haben.»

Mit ihrem nächsten Projekt riskierte sie tatsächlich, die Toleranzschwelle zu überschreiten, die ihr der König zubilligte. Bettine beschloß, die in den Berliner Elendsvierteln und in Schlesien grassierenden sozialen Mißstände mit einer großangelegten Sammlung authentischen Materials der Öffentlichkeit zur Kenntnis zu bringen und diese Dokumentation in einer gewaltigen Anklage gipfeln zu lassen. Mitte Mai 1844 verbreitete sie in den deutschen Zeitungen einen Appell, der zur Einsendung exakter Unterlagen aufrief. Die Berichte, die sogleich in unerwartet hoher Zahl eintrafen, enthielten auch einen aufschlußreichen Report über den Fabrikanten Zwanziger im schlesischen Peterswaldau, der später in Gerhart Hauptmanns «Webern» unter dem Namen Dreißiger als Prototyp eines hartherzigen Blutsaugers fungieren sollte. Drei Wochen nach Bettines Aufruf brach der schlesische Weberaufstand aus, den preußische Truppen brutal niederwarfen. Der Innenminister und spätere Schwiegervater ihres Neffen Karl Friedrich von Savigny beschuldigte Frau von Arnim geradezu, «Ursache des Aufstandes» gewesen zu sein, und nur die Fürsprache guter Freunde, darunter Alexander von Humboldts, bewahrte sie vor schlimmen Folgen. Sie sah sich zum Abbruch ihres «Armenbuches» genötigt und überließ die Vorarbeiten der Nachwelt, die sie erst nach über einem Jahrhundert zu Gesicht bekam.

Ihr Einsatz für die Erniedrigten und Beleidigten, für zahlreiche verfolgte und gemaßregelte Intellektuelle war damit lange nicht zu Ende. Sie intervenierte für diese Menschen beim König und in der Öffentlichkeit, meistens nutzlos, aber doch unentwegt Zeichen der Hoffnung und der Zivilcourage setzend. Schriften wie «Ilius Pamphilius und die Ambrosia», die Polen-Broschüre «An die aufgelöste preußische Nationalversammlung», die von bitteren Enttäuschungen erfüllten «Gespräche mit Dämonen» legten davon bewegend Zeugnis ab, und noch die zwei Jahre nach der Revolution entstandene Hymne, die sie «Petöfi, dem Sonnengott» widmete, überantwortete das uneingelöst gebliebene Freiheitsstreben der europäischen Völker als Aufgabe kommenden Generationen.

Bettines Engagement für den Dichter Hoffmann von Fallersleben, für den erfolglosen Königs-Attentäter Tschech, für die verhafteten Revolutionäre Ludwik Mierosławski und Gottfried Kinkel wird für immer denkwürdig bleiben, und doch ist sie nie die Ideologin eines engen parteipolitischen Fortschrittsverständnisses geworden. Es ging ihr, der Bürgin der Romantik, stets um den ganzen Menschen, nicht um Weltanschauungen oder gar Dogmen, weshalb sie sich auch kaum zur Säulenheiligen für diejenigen eignet, die erneut verkürzte Weltbilder anboten und noch immer anbieten. Sie blieb die Individualistin und das romantische «Kind», als das sie sich selbst sah, und ging nicht nur mit Junghegelianern und Rebellen um, sondern ebenso mit dem Fürsten Pückler, mit Franz Liszt und Robert Schumann.

Quartettabend bei der alten Bettine von Arnim. Aquarell von Carl Johann Arnold, entstanden in Bettines letzten Lebensjahren, zwischen 1854 und 1856 (links).

Gipsmodell von Bettines Goethedenkmal. Anonymer Steindruck, 1825 (rechts).

Bilderstürmerei wäre Bettine zuletzt in den Sinn gekommen, im Gegenteil: ihre späten Jahre verbrachte sie mit dem Entwurf eines Goethedenkmals, auf dem sie sich als geflügelte Psyche an die Knie des Olympiers schmiegte – ganz so, wie sie einst zu Füßen des Generals Gneisenau gesessen hatte. Das Gipsmodell, das sie von dem Bildhauer Karl Steinhäuser ausführen ließ, blieb freilich wieder hinter der inneren Vision zurück: «Das *meine* Psyche?... Solch ein Monstrum und solch einen Knirps soll ich erdacht haben?»

«Feuer und Magnetismus», die Grundelemente ihres Wesens, brachen in den letzten Jahren immer seltener hervor, die von Krankheiten und vom Verlust der Gefährten umschattet waren. Nur wenn in Bettines letztem Berliner Domizil ein Streichquartett musizierte, angeführt von dem jungen Geiger Joseph Joachim, saß die Hausherrin im Sessel unter dem Modell ihres Goethedenkmals, den mit einer schwarzen Witwenhaube versehenen Kopf in die Hand gestützt, und sann den Tönen nach, die sie an wohlbekannte Stätten entführten: ins Haus Maximiliane und Peter Anton Brentanos im fernen Frankfurt, zu Beethoven auf die Wiener Mölkerbastei oder in Goethes böhmischen Badeort an einem heißen Augustabend vor fast einem halben Jahrhundert. Bettine, die Brentano-Tochter und Schwester des Wunderhornisten Clemens, das leidenschaftliche «Kind» Goethes und die Frau Achim von Arnims, die Fürsprecherin der Entrechteten und Zeugin eines großen Zeitalters, starb am 20. Januar 1859 vierundsiebzigjährig in Berlin und fand die letzte Ruhestätte an der Seite ihres Gatten in Wiepersdorf.

Von ihr blieben Bücher, die eine leuchtende Spur beschrieben vom deutschen Parnaß bis zu den Berliner Elendsquartieren. Einen noch farbigeren Abglanz geben die Briefe von einem Dasein, dem Begeisterung, Furchtlosigkeit und spontane Humanität die höchsten Werte waren. Wenn sich «Feuer und Magnetismus» dieses einzigartigen Frauenschicksals überhaupt mit einer Definition festhalten lassen, so fand sie der alte Vertraute Varnhagen, der einmal Bettines Persönlichkeit folgendermaßen zu erklären suchte: «Häufen Sie Widersprüche über Widersprüche, bergehoch, überschütten Sie alles mit Blumen, lassen Sie Funken und Blitze herausleuchten, und nennen Sie's Bettine.»

Zwei Schönheiten – Lulu und Meline Brentano

Maximiliane und Peter Anton Brentanos letzte beiden Kinder, die das Erwachsenenalter erreichten, blühten zu weiblichen Schönheiten auf, die viele Bewunderer fanden: zu wirklichen «Beautés», wie man damals in den Salons schöne Frauen nannte. Zwar lagen zwischen ihnen Welten, auch zwischen ihren äußeren Erscheinungen, dennoch verkörperte eine jede der beiden zweifellos ein weibliches Schönheitsideal der Epoche, das von der Männerwelt eifrig umworben wurde, freilich aus unterschiedlichsten Gründen. Mit Lulu und Meline hat die Familie Brentano dem Bildersaal dieser schönheitsdurstigen Zeit zwei beinahe vollendete Portraits hinzugefügt, für die allerdings zwei sehr gegensätzliche Frauen Modell gestanden haben.

Ludovica Maria Katherina, geboren am 9. Januar 1787 in Frankfurt, von den Geschwistern Lulu und manchmal «der Lulster» genannt, galt früh als kokett, lustig und generös, aber auch als oberflächlich und liederlich. Ein gewisser Hang zur Salondame großen Stils und zur Mode-Fetischistin war ihr von Jugend an nicht abzusprechen, während ein frömmlerischer Zug, wie bei manchen Brentanos, erst in den späteren Jahren hervortrat, als die äußere Schönheit dem hereinbrechenden Alter zu weichen begann. Bettine beschrieb das preziöse Wesen der Schwester, als diese bereits ziemlich die Mitte der Dreißig erreicht hatte: «Ihre Gesundheit . . . wird alle Tage noch mit einem Schnürpanzer behelligt, der ihr wahrscheinlich die zufälligen Vapeurs verursacht, ihre Kasten sind voll Toiletten-Künste gepackt, auch hat sie ein Gleiches in der Kunst getan; alle *falschen* Reize des Gesangs stolpern aus ihrer Kehle, ihr Pinsel malt mit einer gewissen Sicherheit schön sein sollende Gesichter; sie hat dem Georg einen Raphael in schwarzer Kreide gezeichnet, der eher einem feinen Schinderhans, nein nicht

Schinderhans, sondern einem porzellanernen Juden gleicht; siehst du denn nicht, daß es Raphael ist, sagt sie, wenn man frägt. Es ist ein Taillen-Messen, ein falsche Locken-, Hauben-, Hüte-, Korsett-Anprobieren, seit Lulu da ist . . .» Sie war, Bettine zufolge, «gänzlich von ihrem körperlichen Dasein eingenommen sowie von ihrer Toilette», aber für die Männer blieb Lulu ein verführerischer Magnet. Sogar der spröde Gutsherr Achim von Arnim erkundigte sich immer wieder neugierig nach ihr.

Nur anderthalb Jahre jünger war die am 21. Juli 1788 geborene Magdalena Maria Carolina Franziska, die ihre Geschwister Meline, «Mulin» und gelegentlich «der Linster» nannten. Doch die Anziehungskraft dieses Mädchens war von ganz anderer Art als die verwirrenden, ein wenig auf kosmetischer Raffinesse beruhenden Sinnenreize Lulus. Bereits die Frau Rath Goethe, der fast zu jedem Brentano-Kind eine passende Bemerkung einfiel, vertrat die Ansicht, daß die Frankfurter das Fräulein Meline hätten malen lassen müssen: das Bild sollten sie «auf den Ratssaal hängen, da könnten die Kaiser sehen, was ihre gute Stadt für Schönheiten hat». Der Arzt und Schädelforscher Franz Joseph Gall, der sich anheischig machte, aus der menschlichen Kopfform den Charakter zu deuten, war der Meinung, Meline Brentano «sehe aus wie eine Mutter Gottes». Ebenso der Bruder Clemens, der sich durch die Schwester in einem Sonett, das er dem Jugendroman «Godwi» anvertraute, an «Mariens Bild» erinnert fühlte:

Im kleinen Stübchen, das von ihrer Seele
An reiner Zierde uns ein Abbild schenket,
Sitzt sie und stickt, den holden Blick gesenket,
Daß sich ins reine Werk kein Fehler stehle . . .

Ludovica (Lulu) Jordis, geb. Brentano, die spätere Freifrau von des Bordes. Farbige unbezeichnete Miniatur, entstanden 1810, kurz vor Lulus Übersiedlung nach Paris.

Die Gegensätze konnten nicht größer sein: von Meline, der Jüngsten, schien das Ebenmaß einer Madonnenerscheinung auszugehen, von der um anderthalb Jahre älteren Lulu die Anziehungskraft der mit ihrem Charme spielenden Verführerin. Dabei waren die Voraussetzungen für ihre unterschiedlichen Schicksale geradezu miteinander identisch. Nach dem Tod der Mutter gab sie der Vater zusammen mit den Schwestern Gunda und Bettine ins Kloster Fritzlar, wo sie von Ordensfrauen erzogen wurden. Unter der liberalen Aufsicht der Großmutter Sophie von La Roche in Offenbach begannen sich erste charakteristische Eigentümlichkeiten der Mädchen zu zeigen. Die Teilnahme, die Lulu damals schon dem sogenannten starken Geschlecht zuwandte, muß auffallend gewesen sein, denn von einer Männerbekanntschaft der Fünfzehnjährigen wußte Bettine zu berichten: «Lulu hat ihn, wie es scheint, so ziemlich vergessen, sie erinnert sich seiner nur noch als einen der vielen, die in ihren Fesseln geschmachtet haben; übrigens vergeudet sie bald hier, bald da einen Teil von ihren Reizen, den Blicken und Worten; es ist ein Glück für sie, daß ein solcher Fonds nicht so bald erschöpft ist, sonst würde sie bald auf dem Fond sein.»

Aus einem beachtlichen finanziellen «Fonds» konnte Lulu schöpfen, als sie, gerade achtzehnjährig, den Bankier Carl Jordis heiratete, mit dem sie nach Kassel zog. Dort avancierte Jordis zum Financier des Königs Jérôme von Westfalen, Napoleons jüngsten Bruders, der als «König Lustig» mehr dem Amüsieren, weniger dem Regieren zugetan war. Frau Lulu und ihr Mann nahmen sich daran ein Beispiel, wie einem Brief von Clemens zu entnehmen ist: «Jordis, welcher Hofbankier wird und ein ganz guter Kerl ist, führt hier ein lustig Leben. Alle Freitag ist Ball, wo man nebst der Familie Brentano einige Franzosen sieht und ganz fidel sein kann.» Hinter der vorgehaltenen Hand hieß Clemens den Bankier jedoch einen «sehr gemeinen Patron», aber er war dem Ehepaar Jordis zu Dank verpflichtet. Bei ihm hatte er mit seiner späteren zweiten Frau Auguste, nach deren spektakulärer Entführung aus Frankfurt, ein Asyl gefunden.

Lulu ihrerseits ließ es nicht mit Festivitäten und sonstigem Allotria bewenden, sondern unterstützte auch die Brüder Grimm: sie lieh ihnen Geld und bereicherte die «Kinder- und Hausmärchen» mit einem Beitrag, den sie selbst dichtete. 1812 verlegte Jordis seine Aktivitäten nach Paris, wo er weiterhin glänzende Geschäfte machte und

147

seine Frau einen illustren Salon betrieb. Nach der Niederlage Napoleons und der Einnahme von Paris durch die Verbündeten empfing Lulu dort preußische Offiziere und mehrfach den Staatskanzler Hardenberg. Die errungene gesellschaftliche Politur und das mit ihr einhergehende schwungvolle Leben scheinen die Ehe zerrüttet zu haben, denn in einem Brief Bettines ist von «Loulou und ihrem Liebhaber» die Rede.

Ganz undenkbar wären dergleichen Eskapaden bei Meline gewesen, obwohl auch sie bereits als junges Mädchen so bildhübsch war, daß die Leute ihretwegen auf der Straße stehenblieben und sich nach ihr umsahen. Sie aber ging unangefochten ihren Weg, den sie für richtig hielt. Die Sechzehnjährige begleitete die Schwester Gunda und den Schwager Savigny in die französische Metropole, wo sie gleich zweimal gemalt wurde. Im Frankfurter Haus «Zum Goldenen Kopf» litt sie gelegentlich unter der Vormundschaft des Halbbruders Franz und der Schwägerin Antonia, aber auch die abenteuerliche Betriebsamkeit Bettines war nicht nach ihrem Geschmack. Da sie schön und, als eine der Erbinnen Peter Anton Brentanos, außerdem reich war, galt sie in den großbürgerlichen Kreisen der Vaterstadt als «gute Partie». Beide Vorzüge haben sie nicht übermütig gemacht, sondern mit erstaunlicher Besonnenheit ihr Dasein bestimmen lassen, obwohl sie dafür als «höhere Tochter» die Unterstützung des Vormunds benötigte.

«... allein ich werde von meiner Seite alles anwenden, mich in ein tätiges Leben zu versetzen», schrieb die Einundzwanzigjährige, «und wenn ich mir nicht einstens meinen eigenen Herd erbauen kann, so will ich mich an irgendeinen von meinen Geschwistern oder sonst mir lieben Menschen einnisten, und werde auch so zufrieden sein.» Für die Traumtänzereien und Bizarrerien mancher Brentanos fand sie eine prägnante Formel, bei der sie sich selbst nicht aus-

nahm: «Ich glaube, wir sind alle mit fixen Luftideen gestraft.» Als Meline dann im Januar 1810 den Bund der Ehe mit Georg Friedrich von Guaita einging, schloß sie mit dieser Heirat auch für die Familie Brentano einen Kreis: die Vorfahren ihres Mannes stammten aus einem Dorf bei Menaggio am Comer See und hatten im 17. Jahrhundert die «Handlung Innocentio & Matthäo Guaita» zu Frankfurt gegründet.

Aus der Sicht Bettines war Guaita ein vortrefflicher Mann – «und sonst gar nichts», was für die Romantikerin einer vernichtenden Kritik gleichkam. «Die Meline mit den schönen Augenwimpern», wie die Schwester, ebenfalls von Bettine, apostrophiert wurde, ist mit Herrn von Guaita doch glücklich geworden und führte eine harmonische Ehe, die Lulu in ihrem Pariser Luxus leider vorenthalten blieb. 1827 wurde sie von Jordis geschieden, wodurch die Katholikin mit dem kanonischen Recht ins Gedränge geriet. Erst spät, nach dem Tod von Jordis, konnte sie Richard Peter Rosier des Bordes in aller Form heiraten, der übrigens der Sozius ihres vorherigen Mannes war. Nach seinem Ende kehrte sie ins heimische Frankfurt zurück und erwarb dort ein prächtiges Wall-Grundstück in der Neuen Mainzer Straße, ganz in der Nähe des Bruders Franz. Als Witwensitz erkor sie sich ferner ein Schlößchen mit dem poetischen Namen Wasserlos, das in dem Märchen «Gockel, Hinkel und Gackeleia» des Bruders Clemens hätte vorkommen können. Tatsächlich lag das Sommerpalais in der Gegend, in der jenes Märchen spielt: auf halber Wegstrecke zwischen dem Landgut Trages, das den Savignys gehörte, und der Stadt Aschaffenburg, wo inzwischen der Bruder Christian hauste.

Zu ihm entwickelte Lulu, während sie sich auf die Religion der Väter besann, ein immer herzlicheres Verhältnis. Wie aber die meisten Brentanos, mit gutem Recht, das

Meline von Guaita, geb. Brentano. Ludwig Emil Grimm malte Meline 1830 wie eine Fürstin der italienischen Renaissance.

ewige Heil mit dem irdischen in ein hinlängliches Gleichgewicht zu bringen vermochten, ging nun Frau Lulu daran, das Glück ihrer Adoptivtochter zu etablieren, der sie aus Gründen der familiären Solidarität den Namen Meline gegeben hatte. Sie stiftete deren Ehe mit dem Grafen Moritz von Bentheim, der nur einen Nachteil hatte – er war evangelisch.

Das Leben der noch immer schönen Meline von Guaita floß im Gleichmaß einer aristokratischen Daseinsform dahin. Da ihr Mann mehrfach zum Ersten Bürgermeister der Freien Stadt Frankfurt gewählt wurde, fiel ihm dadurch beinahe die Würde eines kleinen Souveräns zu. So malte Ludwig Emil Grimm die Frau Bürgermeisterin wie eine Renaissance-Fürstin, woran er sich in seinen Memoiren nicht ohne Genugtuung erinnerte. Meline erschien auf dem Bild «in violettem Samtkleid, lange faltige Ärmel, mit violettsamtenem Barett, worauf eine lange, weiße, herunterhängende Feder steckte. In den Händen hielt sie ein Stück von einem goldenen Gürtel, den Kopf dreiviertel Profil und eine Schnur weißer Perlen um den Hals.» Das Portrait fand den Beifall aller Betrachter, auch Achim von Arnims, der vom Geschmack des Schwagers Guaita weniger begeistert war. Der Hausbau des Bürgermeisters, teilte Arnim der Bettine mit, sei doch etwas provinziell geraten, und vollends die Tapeten seien unerträglich, «überall sieht man hier hübschere». Gleichwohl kehrten in dem Haus die Protagonisten des deutschen Geisteslebens ein, allen voran Goethe, dem hier Ludwig Emil Grimm seine Zeichnungen vorlegte.

Meline gebar ihrem Mann sechs Kinder, die sich freilich einer fast höfischen Etikette befleißigen mußten. «Seine Frau und Kinder lebten ständig in der Furcht des Herrn», schrieb Maxe von Arnim, Bettines und Achims Tochter, die eine köstliche Begebenheit im Hause der Frankfurter Verwandten miterlebt hat: «Das Mittagsmahl beim Onkel Guaita war für uns also kein reines Vergnügen. Schrecklich waren seine ewigen Ermahnungen, bei Tisch ganz korrekt dazusitzen. Dabei passierte einmal die hübsche, später in der Familie oft erzählte Geschichte von Leberecht und dem Pfannekuchen. ‹Leberecht, geradesitzen!› Leberecht, damals etwa fünfzehn Jahre alt, gibt sich einen Ruck. Nach zwei Minuten: ‹Leberecht, Rücken noch gerader!› Leberecht sitzt wie ein Kammerherr vor seinem Fürsten. Nach

Georg Friedrich von Guaita. Lithographie nach einer Zeichnung von Johann Heinrich Hasselhorst, um 1848.

zwei Minuten: ‹Leberecht, das Kinn noch höher.› Da ruft Leberecht mit Tränen in den Augen: ‹Aber Vadder, nu kann ich ja mein Pannekuche nit mehr sehe.›»

Bettine reagierte auf solche und ähnliche Nachrichten mit grimmigem Hohn: «Meline, die sich das Denken schon längst verboten, um auch in ihren Absichten nicht einmal gegen ihren Mann zu handlen...» Dieses harte Urteil kam allerdings aus dem Munde einer Frau, die mit ihren Geschlechtsgenossinnen gewöhnlich barsch umzuspringen pflegte und der besonders Melines madonnenhafte Schönheit immer fremd geblieben, vielleicht sogar ein Anlaß zu verborgener Eifersucht gewesen ist. Die anderen Angehörigen priesen Frau von Guaita, da sie ihnen nicht exzentrisch auf die Nerven fiel, und dem Schwager Savigny begegnete noch die Alternde «so lieb und kindlich gut, wie sie nur je in früheren Jahren war».

Aber auch Frau Lulu, geborene Brentano, geschiedene Jordis, verwitwete des Bordes, hatte damals dem Dolce vita abgeschworen und statt dessen mit einer Vita contemplativa begonnen. Sie folgte dem Exempel der Brüder Clemens und Christian und veröffentlichte zwei Bändchen mit «Geistlichen Liedern», die Weihnachts-, Marien-, Passions- sowie Kommunionslieder enthielten. Zwei Abteilungen dieser lyrischen Ergüsse einer Seele, die im Kreise der Familie ihr Damaskus erlebt hatte, versah sie mit den Titeln «Priestertum» und «Vermischte Gedichte». Lulu starb am 19. November 1854 in Würzburg und wurde, auch damit einen Kreis schließend, in Aschaffenburg an der Seite von Clemens und Christian beigesetzt.

Die Schwester Meline von Guaita lebte noch in Frankfurt, hochgeschätzt von der Familie als «eines der edelsten Wesen», wie sie der Schwager Savigny nannte, als selbstlose Helferin und Krankenpflegerin, deren Schönheit zur Legende geworden war. Sie starb am 7. Oktober 1861, über ein Jahrzehnt nach dem Tode des Bürgermeisters von Guaita. Einer ihrer zahlreichen Enkel war Georg Graf von Hertling, der es vierundsiebzigjährig, mitten im Ersten Weltkrieg, noch zum vorletzten Kanzler des deutschen Kaiserreiches bringen sollte. In seinen Memoiren erinnerte er sich bewegt an die Großmutter Meline, der er ein treues Andenken erhielt: ihr Tod war «ein harter Schlag, nicht nur für meine Mutter, sondern auch für uns Kinder, die wir mit besonderer Liebe an ihr gehangen hatten, und dazu war jetzt Frankfurt für uns zu Ende, denn sie war der Mittelpunkt des dortigen Familienkreises gewesen».

Eine kleine Republik – Die anderen Geschwister

Wir sind fast am Ende des Rundganges durch den glanzvollsten Saal unserer Galerie angelangt, der gleichsam die Schatzkammer im weitläufigen Brentano-Museum genannt werden darf. Sie wird von der denkwürdigen romantischen Generation der Familie Brentano di Tremezzo bevölkert: den Kindern, die der Frankfurter Handelsherr Peter Anton Brentano in drei Ehen gezeugt hat. Sechs Kinder gingen aus seiner ersten Ehe mit Josepha Maria Walpurga Paula, geborenen Brentano-Gnosso, hervor. Zwölf Kinder schenkte ihm seine zweite Frau Maximiliane, geborene von La Roche. Zwei Kinder brachte schließlich noch seine dritte Frau Friederike Anna Ernestine, geborene von Rottenhof, zur Welt. Von diesen zwanzig Kindern haben sechs nicht das dritte Lebensjahr erreicht. Auch sie, die frühverstorbenen Kinder, waren alle christlich getauft, sogar der kleine Friedrich Karl Franz, der im Sommer 1796 nur eine Woche alt wurde. Auf unserem Gemälde erscheinen sie freilich nur wie unpersönliche blasse Schemen, die der Feder des Erzählers entzogen bleiben – gleich den kleinen weißgekleideten Engelgestalten, die auf manchem alten Epitaph die verstorbenen Kinder des Stifterpaares darstellen.

Die Erziehung der heranwachsenden vierzehn Brentano-Sprößlinge lag in vielen, oft schnell wechselnden Händen. Von den Müttern scheint sich noch am meisten Frau Maximiliane um die Kinder gekümmert zu haben. Später erinnerten sie sich gern an die bildungsbeflissene Großmutter Sophie und weniger gern an die ungeliebte Tante Luise Möhn. Hauslehrer und auswärtige Erzieher, grämliche Ex-Jesuiten und fromme Klosterfrauen geleiteten die Kinder hinaus ins Leben, die ihre Wißbegierde meistens auf anderen Wegen stillten. Den Haushalt im «Goldenen Kopf» versah seit dem Tode Maximilianes die Tochter eines savoyischen Seidenhändlers, der sein Vermögen durch Kredite an französische Emigranten verloren hatte. Claudine Piautaz, im Familienkreis «Clödchen» oder «der Klausner» genannt, kam als Zwanzigjährige zu den Brentanos und blieb bei ihnen bis zu ihrem Ende im Jahre 1840. Sie war den jungen Mädchen des Hauses mehr als nur eine Erzieherin und Gesellschafterin: sie war ihnen eine heitere, stets einfühlsame Schwester, die dann auch noch deren Kinder und Kindeskinder aufziehen half. Clemens hat die «himmlische» Claudine mehrfach poetisch verherrlicht.

Ganz an der Spitze von Peter Anton Brentanos Nachkommenschaft stand eine merkwürdige Gestalt, die uns bisher noch nicht begegnet ist: der 1763 geborene Sohn Anton, der schwachsinnig war. Er verharrte zeitlebens auf der Stufe eines Kindes, besaß aber eine rege Phantasie, so daß er gelegentlich Märchen zum besten gab. Er war gegen jedermann freundlich, befleißigte sich überhaupt einer altfränkischen Höflichkeit, wie man sie ihm einst beigebracht hatte, und ging bis zum Ende seiner Tage mit einem gepuderten Rokoko-Zopf einher. Nachts zog er durch die dunklen Gänge des verwinkelten Hauses, eskortiert von dem spindeldürren Abbé Fuchs, der ein Licht vor ihm hertrug und eigens zu Herrn Antons Pflege engagiert worden war. In solchen Stunden fürchteten sich die Arnim-Kinder vor ihm, wenn sie aus Berlin zu Besuch kamen – völlig grundlos, denn auch Bettine hielt den debilen, aber umgänglichen Greis für «einen der liebenswürdigsten in der Familie».

Er starb, nach einem im Zustande höherer Heiterkeit verbrachten Leben, erst 1833 im Alter von siebzig Jahren.

Schloß Hassenberg bei Coburg, die Stätte von Paula Brentanos später Ehe und frühem Tod. Zeichnung.

Der Bruder Clemens schrieb ihm einen schönen Nachruf: «Was soll ich in Frankfurt, da der Herr Anton nicht mehr lebt? Wir hatten uns lieb, er war den Menschen blödsinnig, mir war er Geist- und Herzensrichter, mehr als alle. Er hatte nichts als Gott, und wenn er demütig zu mir kam, als könne er mein armes Herz gebrauchen, fühlte ich es als eine große Herablassung von seiner Seite. Ich vergesse ihn nie, ich gehörte eigentlich in der Familie zu ihm, er hat mich ermahnt und erbaut. Beide gleich hilflos wie große Kinder in der Familie, hielt er sich an Gott allein, und ich irrte auf den Straßen der Welt und bettelte nach dem Wege, den er ruhig wandelte.»

Peter, 1768 geboren, soll leuchtende schwarze Augen besessen haben, aber er war verwachsen: ein bucklicht Männlein, das infolge eines Schwächeanfalls die Treppe hinunterfiel. Die dreijährige Bettine, die ihn besonders liebte, wollte ihn festhalten und helfen. Der Junge rief dem Schwesterchen noch zu, ihn loszulassen, stürzte in die Tiefe und trug schwere Verletzungen davon. An ihren Nachwirkungen starb er zwanzigjährig am Heiligen Abend 1788.

Als Außenseiter der Familie galt der 1769 zur Welt gekommene Dominik, der es zum Dr. jur. und kurmainzischen Hofgerichtsrat brachte. Damit aber endete seine Laufbahn als honetter Bürger. «Der Doktor», wie man ihn zu Hause, halb ironisch und halb vertuschend, nannte, verkam zum Habitué von Wein- und anderen öffentlichen Häusern. Bettine traf den Fünfzigjährigen «besoffener als je», und auch Clemens sah «den bis zum Branntwein gesunkenen Doktor, berauscht und bizarr und kupfericht wie einen versengten Schmetterling seine letzten Kreise um die tödliche Flamme flatternd». In die «tödliche Flamme» stürzte er endgültig am 12. Mai 1825 ab – über das Grab hinaus ein Ärgernis, an das man sich nur widerwillig erinnerte.

Paula, die 1770 geborene älteste Tochter Peter Antons, war zugleich das letzte Kind aus dessen erster Ehe. Da auch die Stiefmutter Maximiliane früh starb, mußte das Mädchen neben der unermüdlichen Claudine Piautaz den Haushalt meistern. So konnte «die Niedliche», wie sie in der Familie hieß, erst dreißigjährig heiraten, dann aber einen offenbar ziemlich martialischen Mann: den Obristen Wilhelm von Wasmer, Herrn auf Hassenberg im Coburgischen. Dort starb sie schon 1805, ohne Kinder zu hinterlassen.

Die Schleppe bei der Hochzeit hatte ihr der kleine August getragen, Peter Antons jüngstes Kind, das im Juli 1797, vier Monate nach dem Tod des Vaters, zur Welt gekommen

Georg Brentano. Bleistiftzeichnung von seinem Schützling Ludwig Emil Grimm.

war. Augustus Posthumus, wie man ihn deshalb nannte, wuchs auf dem fränkischen Schloß Pfaffendorf heran, wo die Witwe des Handelsherrn Brentano eine zweite Ehe eingegangen war. Er pflegte die Beziehungen zu seinen Halbgeschwistern, von denen ihn einige besuchten. Als großherzoglich-würzburgischer Junker fiel er am 7. September 1813, gerade sechzehnjährig, im Gefecht bei Jüterbog – sehr zum Unwillen des Borussen Achim von Arnim, der es lieber gesehen hätte, wenn der Halbbruder seiner Frau nicht den Sklaventod eines napoleonischen Kriegers, sondern den Heldentod eines preußischen Freiwilligen gestorben wäre!

Noch einer Gestalt, der letzten, haben wir unter den Kindern Peter Anton Brentanos zu gedenken: des Sohnes Georg, der im Grunde ein eigenes Portrait, nicht nur einen Platz im Gruppenbild der Geschwister verdient haben würde. Maximiliane hatte ihm 1775 als erstem ihrer Söhne das Leben geschenkt, und wie ein gleichberechtigter Partner agierte er später neben dem um zehn Jahre älteren Halbbruder Franz. Schön wie ein mailändischer Herzog sei schon der junge Mann gewesen, versicherte die Frau Rath Goethe, womit sie auf das italienische Geblüt anspielte, das sich in Georges Erscheinung besonders eindrucksvoll zeigte. Er war temperamentvoll, generös, chevaleresk, zuweilen herrisch, ein Mäzen und nobler Gastgeber, der seine Besucher vierspännig und begleitet von fackeltragenden Reitern nach Hause kutschieren ließ. In Franz Brentanos Handelsimperium befehligte er das Bankhaus, wodurch er einer der reichsten Leute in Frankfurt geworden war.

Er besaß eine erlesene Kunstsammlung, darunter an die vierzig Miniaturen des französischen Malers Jean Fouquet aus dem 15. Jahrhundert, die heute das Museum in Chantilly zieren. Er war ein Gönner des Städelschen Instituts und der Förderer Ludwig Emil Grimms, den er mit nach Italien nahm. Er bewirtete Goethe, der berichtete, bei Georg Brentano «einen unanständig lustigen Mittag zugebracht» zu haben. Er war ein Bonvivant und Frauenfreund, obwohl er den frühen Tod seiner schönen Gattin Marie dann nie verwinden konnte. Bei seinen Kindern kamen die Brentano-Brentano-Heiraten wieder in Schwang: seine Tochter Karoline nahm Freimund von Arnim, einen Sohn Betti-

Die Brüder Franz, Georg und Christian Brentano.
Tuschzeichnung eines unbekannten Künstlers auf Holz,
um 1805.

Georg Brentano, der Grandseigneur. Ölgemälde von Rausch, 1833.

nes und Achims, zum Mann, der Sohn Ludwig ehelichte Maria von Guaita, eine Tochter Melines.

Goethe soll ihm auch den Plan für den englischen Park entworfen haben, den Georg in Rödelheim bei Frankfurt anlegen ließ. Es wurde im Lauf der Jahrzehnte ein wahrer Lust- und Zaubergarten mit Laubengängen, Orangenbäumen und labyrinthischen Arkaden, Rehen und Pfauen, einem Treibhaus, einer Fasanerie und einem brückenüberwölbten Flüßchen, auf dem Barken die Gäste durch eine Märchenlandschaft trugen. Dort wurde auch, Juli 1823, die Silberne Hochzeit des Bruders Franz und der Schwägerin Antonia gefeiert, zu der fast alle Geschwister, soweit sie noch lebten, gekommen waren. Clemens brillierte inmitten des bunten Getümmels als witziger Festordner, wovon er gleich anschließend in einem Brief erzählte: «Am Ende führte man mich zur Belohnung in eine versteckte, mit Mousselin ausgeschlagene Nische, worin Kinder meine Büste mit Rosen kränzten, und man rief: Vivat Torquatus Tasso! So heißt der berühmte italienische Dichter des ‹Befreiten Jerusalem›, weil er auch so gequält wurde.»

Herman Grimm, der Schwiegersohn Bettines, hat diese wirbelnde Schar der Brentano-Geschwister einmal eine «kleine Republik» genannt. Ob bei Franz und Antonias Silbernem Hochzeitsfest in Georgs Gartenparadies auch der Toten gedacht wurde, ist nicht überliefert, aber eigentlich gehörten sie mit dazu: der früh verunglückte Peter in seinem Frankfurter Grab; die Schwester Paula in ihrer Gruft auf Hassenberg; der gefallene August in seinem Soldatengrab im märkischen Sand; vor allem die zauberische Sophie, die nun schon seit einem Vierteljahrhundert unter einem Hügel im weimarischen Oßmannstedt lag.

Träumer und Täter waren unter allen diesen Geschwistern versammelt, Visionäre und Narren, große Damen und Kokotten, Hausmütterchen und Samariterinnen, Dichter, Mäzene und Trunkenbolde, Heimchen am biedermeierlichen Herd und Fürsprecherinnen der Menschheit, Spieler und Gottesmänner, Konservative und Rebellen, Künstler und Kretins, Rechtsgelehrte und immer wieder bedächtige Verwalter irdischen Besitzes, die da wußten, daß der Aufbruch zu neuen Ordnungen nur von gesichertem Gelände her erfolgen kann. Waren nicht die Nachkommen des Handelsherrn Peter Anton Brentano ein ganzes Welttheater en miniature – würdig des Personals eines Stückes von Shakespeare?

Georg Brentano, der 1851 starb, besaß in seinem Park zu Rödelheim eine kleine Einsiedelei, die er das Petrihäuschen nannte. Dort war hinter einer Glaswand ein Bienenstock eingerichtet, dessen Inneres man auf diese sinnreiche Weise beobachten konnte. Vielleicht hat Georg Brentano, wenn er die Bienen wimmeln und schwirren, ausschwärmen, zurückkehren und den Honig in die Waben sammeln sah, auch manchmal an seine Geschwister, an die romantische Generation seiner außerordentlichen Familie gedacht!

4. Kapitel:
Abendleuchten der Kunstperiode

Kinder einer Übergangszeit

Mitunter geschehen sonderbare Zufälle, ohne daß sie der Betroffene überhaupt wahrnimmt. So erging es dem sechsunddreißigjährigen Philosophen und Ex-Priester Franz Brentano, als er im Frühjahr 1874 nach Wien kam und dort in der Erdberggasse eine Wohnung bezog. Das Domizil befand sich im gleichen Palais, in dem einst seine Tante Antonia aufgewachsen war und in dem sie dann noch einmal, zusammen mit ihrem Gatten Franz, einige Jahre gelebt hatte. Damals war das ehrwürdige Gebäude auch die Heimstatt jener Kunstsammlung gewesen, deren kostbarster Teil durch Antonia und Franz Brentano schließlich nach Frankfurt ins Haus «Zum Goldenen Kopf» gelangte. Nun, weit über sechzig Jahre später, ließ sich hier ein anderer Franz Brentano nieder – ohne zu wissen, daß er da an einer Stätte angekommen war, die genau auf den verschlungenen europäischen Pfaden seiner Familie lag!

Den Namen Brentano trug er von Anfang an mit Stolz, die Traditionen der Familie blieben ihm ein unveräußerlicher Besitz, auch wenn sie sein kritischer Geist nicht immer bedenkenlos hinnehmen wollte. Aber gerade im Beharren auf dem eigenen, einmal als richtig erkannten Standpunkt, im mutigen Bekenntnis seiner Überzeugungen sowie in der Ablehnung jeder Lüge und Heuchelei trat dieser Wahrheitssucher an die Seite der Besten aus der Dynastie Brentano und sollte sich ihres Namens würdig erweisen. Die letzten Zeugen der großen romantischen Brentano-Generation lernte er als Knabe noch kennen, auch die aus Wien stammende «meistgeliebte Tante Antonia», die er gelegentlich in Frankfurt besuchte. In ihrem Vorzimmer stand ein Schachspiel, von dem er so gefesselt war, daß er «den Zweck seines Kommens zu vergessen schien und erst nach langer Zeit, ganz ins Spiel vertieft, von der Tante ge-

funden wurde». Beim Überdenken der einzelnen Schachzüge und im intellektuellen Zweikampf mit einem unsichtbaren Gegner mag er seinen Verstand früh einer strengen Schule unterworfen haben.

Seine Eltern waren der bizarre Christian Brentano und dessen Gattin Emilie, die beide zusammen das poetische Werk des Clemens für den christlichen Hausgebrauch zurechtgestutzt hatten. Als ihr ältester Sohn kam Franz am 16. Januar 1838 im ehemaligen Kloster Marienberg bei Boppard am Rhein zur Welt. Später sah er in dem Geburtshaus ein für sein ganzes Leben fortwirkendes Symbol: das einstige Klostergebäude markierte gleichsam den hergebrachten Kirchenglauben, in dem Vater und Mutter unangefochten wurzelten und mit dem sie ebenso den Sohn auszurüsten gedachten. Wie aber das Stift nun nicht mehr seiner ursprünglichen Bestimmung diente und demzufolge auf eine inzwischen überholte Lebensform zu verweisen schien, sollte sich auch Franz Brentano von dieser geistig-geistlichen Quelle entfernen und seinen Platz in einer Übergangszeit finden, die vom Abendleuchten der Kunstperiode in die Welt der Moderne hinüberleitete. Auf die Fragen, die der Epochenwandel stellte, suchte der Philosoph unerschrocken seine Antworten, jenseits aller Glaubensgewißheiten der Eltern.

In ihrem Haus zu Aschaffenburg verbrachte er eine sorglose Kindheit, obwohl er erst dreizehn Jahre alt war, als der Vater Christian starb. In München, Würzburg und Berlin studierte er Philosophie und Theologie, lehnte jedoch die Gedankenwelt eines Schelling bereits damals als «dekadent» ab und fand in dem «alten Aristoteles» seinen Meister. Dennoch triumphierte zunächst, wohl unter dem Einfluß der frommen Mutter, die Gottesgelehrsamkeit über

Das Haus Brentano-Birkenstock in der Wiener Erdberggasse, ursprünglich im Besitz von Antonia Brentanos Vater Johann Melchior von Birkenstock. Aquarell.

die Weltweisheit: Franz erhielt am 6. August 1864 in Würzburg die Priesterweihe. An der dortigen Universität habilitierte sich der ins Gewand des Klerikers geschlüpfte junge Mann mit einer Arbeit über die «Psychologie des Aristoteles». Eine der Thesen, die er da vertrat, ließ freilich aufhorchen: «Die wahre Methode der Philosophie ist keine andere als die der Naturwissenschaften.»

Der solchermaßen gegenüber den Herausforderungen seiner Zeit aufgeschlossene geistliche Lehrer, der einen reformierten Katholizismus erstrebte, zögerte nicht, als ihn die deutschen Bischöfe um die Erläuterung von Argumenten wider die Unfehlbarkeit des Papstes baten, die vom I. Vatikanum zum Dogma erhoben werden sollte. In der Denkschrift «Ist es zeitgemäß, die Unfehlbarkeit des Papstes zu definieren?» erklärte Brentano den neuen apostolischen Anspruch für weder biblisch noch historisch belegbar, außerdem für dogmatisch falsch und überflüssig. Als das Konzil im Juli 1870 die sogenannte päpstliche Infallibilität zur verbindlichen Doktrin erklärte, zog der Würzburger Professor die Konsequenzen. Während andere, allen voran die Bischöfe, buchstäblich zu Kreuze krochen, legte Brentano erst das geistliche Gewand ab, um dann, am Karfreitag 1873, ganz die Kirche zu verlassen. Der Bruch mit der Welt seines Herkommens, auch mit den Familientraditionen der Brentanos, schien definitiv vollzogen zu sein.

Es bleibt ein Ruhmesblatt für den österreichischen Kaiser Franz Joseph, der sich immerhin als Apostolische Majestät verstand, daß er, gegen den Widerstand der Schwarzröcke, den nunmehr konfessionslosen Philosophen zum außerordentlichen Professor an die Wiener Universität berief. Dort hielt Brentano im April 1874 seine von den Studenten umjubelte Antrittsvorlesung, der er den bezeichnenden Titel «Über die Gründe der Entmutigung auf philosophischem Gebiet» gab. Dem Ruf nach Wien folgte er, wie er einem Freund schrieb, «mit meinem deutschen Herzen alter Zeit» besonders gern, womit er seine Verbundenheit mit dem dahingegangenen alten Reich der Deutschen meinte, das seit 1806 nicht mehr bestand. In der weiten Kulturlandschaft unter Habsburgs mildem Szepter waren die Brentanos zu einer bedeutenden Familie aufgestiegen, so daß in der Anhänglichkeit des k. u. k. außerordentlichen Professors an jene untergegangene Welt doch auch seine Bindung an ein Stück wichtiger Familienüberlieferung zum Ausdruck kam. Dabei wußte er nicht einmal, daß selbst das Haus, in das er jetzt zog, zu den Zeugen dieser Überlieferungen gehörte!

Seine Auseinandersetzungen mit der Kirche waren allerdings noch nicht zu Ende. Das Österreichische Bürgerliche Gesetzbuch erklärte Ehen katholischer Priester für ungültig, auch wenn sie den Priesterstand längst verlassen hatten. So stand eine neue Kollision bevor, als sich Franz Brentano dazu anschickte, die junge Ida von Lieben zu heiraten, die Tochter eines jüdischen Bankiers. Das Paar suchte dem Dilemma mit einem geschickten Schachzug zu entkommen: es reiste nach Leipzig, nahm die deutsche

Der Philosoph Franz Brentano (1838–1917). Photographie.

Reichsbürgerschaft an und schloß die Ehe in einem sächsischen Standesamt. Dann ging es wieder nach Wien, wo der verheiratete frühere Priester nun nur noch als Privatdozent wirken konnte, dies aber mit ständig wachsendem Erfolg.

Zu Brentanos Füßen saßen Edmund Husserl, Thomas Masaryk und Sigmund Freud, vor denen er, das locken- und bartumwallte Philosophenhaupt weit zurückgelehnt, seine Ideenketten entwickelte, in denen der noch jungen Psychologie die Rolle einer Grundwissenschaft zugewiesen war. Es ist hier nicht der Ort, ausführlich das philosophische Gebäude Franz Brentanos zu beschreiben, das er nie als abgeschlossenes festgefügtes Gebilde betrachtet hat. Vielmehr blieb sein wacher, die Aufgaben der Gegenwart produktiv umkreisender Geist stets neuen Anregungen zugänglich, durch die er sich mehr als einmal auch zu Korrekturen veranlaßt sah. Auf die nächste Philosophengeneration wirkte er mit seinen Schriften, zu denen als Hauptwerk die dreibändige «Psychologie vom empirischen Standpunkt» zählt. Mehr noch faszinierte er die Schüler durch eine bildhafte, sehr luzide Redeweise, die er mit eindringlichen Gebärden zu unterstreichen wußte.

1895, ein Jahr nach dem frühen Tod der Gattin, verließ Franz Brentano die Kaiserstadt und ging dorthin, woher seine Vorfahren gekommen waren: nach Italien. Mehrfach hielt er sich am Comer See, in Rom und Palermo auf, um schließlich in Florenz eine zweite Heimat zu finden. Dort sollte sein Sohn «ein Deutscher werden nach alter Art», womit er einmal mehr seiner Abneigung gegen Bismarcks neudeutsches Reich Ausdruck verlieh. «Die Krankheit eines engherzig nationalen Ipsissimus kann in ihm nicht aufkommen», hoffte er von dem Sohn, mit dessen Erzieherin Brentano eine zweite Ehe einging. In seinem Florentiner Haus, in dem der englische Schriftsteller Bulwer vor mehr als einem halben Jahrhundert den historischen Roman «Die letzten Tage von Pompeji» geschrieben hatte, war der Weise aus dem Norden noch immer von Schülern umgeben, mit denen er sokratische Gespräche führte.

Für die Sommermonate erschuf er sich unweit von Wien, in der Wachau, ein «Neu-Aschaffenburg», wie er das Asyl zum Gedächtnis an sein Elternhaus nannte. Die Erinnerung ging wohl noch weiter, bis zu seinem Geburtshaus, zurück, denn der österreichische Sommersitz war ebenfalls ein säkularisiertes Klostergebäude: eine ehemalige Klostertaverne in der Nähe von Stift Melk. Jüngeren Gefährten, die gleich ihm von Glaubensnot oder gar vom Schicksal der Exkommunikation bedroht waren, half er auf noble Weise, auch in pekuniärer Hinsicht. «Darf ich wagen, noch ein Freundeswort beizufügen?» schrieb er an den Theologen Herman Schell. «Ich kenne Ihre materiellen Verhältnisse nicht, weiß auch nicht, ob und wie dieselben bei etwaigem Bruch mit der Kirche eine Verschlimmerung erleiden mögen. Gedenken Sie in solchem Falle meiner;

Der Nationalökonom Ludwig Joseph (Lujo) Brentano (1844–1931). Photographie von J. Löwy, Wien 1888.

und seien Sie überzeugt, daß mir nichts eine größere Freude gewähren wird, als Ihnen praktisch zeigen zu dürfen, daß das Gut der Freunde Gemeingut ist.»

Vertraut wurde ihm in seinen späten Jahren vor allem die Stadt Florenz, in der er, der deutsche Europäer aus dem Heiligen Römischen Reich, tiefe Wurzeln schlug. «Vielleicht gedeiht meine Lehre besser noch als in meinem Heimatlande in dem Lande meiner Väter.» Als Brentano erblindete, vermochte er Besuchern vom Balkon seines Hauses aus, wie wenn er die Kirchen und Palazzi genau sehen würde, die Schönheiten der Mediceer-Stadt zu schildern, oder er führte die Gäste zu der Villa, die einst Galileo Galilei, der Geistesverwandte, als Gefangener der Inquisition bewohnt hatte. In den bereits glanzlosen Augen des Greises, so der Schüler Husserl, habe eine unvergleichliche «Verklärung und Gotteshoffnung» gelegen.

Sie hat den Siebenundsiebzigjährigen nicht vor einer letzten Ungeborgenheit bewahren können. 1915, nach dem Eintritt Italiens in den Ersten Weltkrieg, verließ er freiwillig das Land, dessen Staatsbürgerschaft er inzwischen besaß. Von Zürich aus beobachtete er, tief bekümmert und entsetzt, die Höllenfahrt des alten Europa und seiner Gesittung. Der unbehauste Philosoph starb am 17. März 1917 an einer Blinddarmentzündung und wurde auf dem Friedhof Sihlfeld in Zürich begraben. Später kehrten seine sterblichen Überreste doch noch zurück in die Heimat: ins Familiengrab zu Aschaffenburg, an die Seite des Vaters Christian, des Onkels Clemens und der Tante Lulu. Das Ethos der Persönlichkeit Franz Brentanos überstrahlte für die Zeitgenossen noch die Wirkung seiner Schriften. «Er ist mir nicht nur an Jahren überlegen», bestätigte sein jüngerer Bruder Lujo, «sondern in allem, worauf er seine Aufmerksamkeit richtete, habe ich in ihm... meinen Meister gefunden.»

Das Wort kam aus berufenem Munde, denn der 1844 geborene jüngere Sohn von Christian und Emilie Brentano war keineswegs nur der beflissene Trabant des älteren Bruders, sondern eine Erscheinung von eigenem Anspruch. Seinen italienisch klingenden Namen verdankte Lujo dem Streit zweier Paten, auf deren Vornamen Ludwig und Joseph er eigentlich getauft war. Man einigte sich schließlich darauf, den Rufnamen aus den ersten beiden Silben zu bilden, und als Lujo Brentano machte dieser Sprößling dann in Bereichen von sich reden, die erst im späten 19. Jahrhundert zu aktueller Bedeutung gelangten: in der Nationalökonomie und Sozialpolitik.

Wie der Bruder Franz ging auch Lujo ganz andere Wege als die Eltern. Bereits der Jurastudent begriff, daß die «soziale Frage» alle absehbare Zukunft beherrschen und dringend gerechte Lösungen erfordern würde. Als Professor der Nationalökonomie in Breslau, dann in Straßburg, Wien und Leipzig, endlich fast ein Vierteljahrhundert lang in München wurde er nicht müde, Vorschläge für soziale Reformen zu unterbreiten. Die Rechte der Gewerkschaften sollten gesetzlich verankert, das Wachstum der Löhne erhöht und die Versicherung der Arbeiter verbessert werden. Brentano gehörte zu den Gründern des regsamen «Vereins für Socialpolitik», entwickelte seine Lehren aber aus einem humanistischen Ethos heraus, das ihm auch von den lebendigen Traditionen seiner Vorfahren her zugewachsen war. Es ging ihm darum, die Arbeiterschaft «zur größeren Teilnahme an unserer nationalen Kultur heranzuziehen» und «sie dadurch mit dieser zu versöhnen», wie er es in seiner Rede «Die Stellung der Gebildeten zur socialen Frage» 1890 programmatisch forderte. Gegen den «Manchester-Liberalismus» zog er vehement zu Felde, die Klassengegensätze wollte er gemildert und durch das vernünftige Verhalten der Sozialpartner schrittweise abgebaut sehen. Keineswegs strebte er einen Klassenkampf im marxistischen Sinne an, den er mit seinen auf klare Einsicht und sanfte Fortschrittsgewißheit gegründeten Lehren gerade vermeiden wollte.

War es ein Wunder, daß man Lujo Brentano und seine Mitstreiter gelegentlich als «Kathedersozialisten» belächelte? Der Zyniker Lenin, der in anderen Kategorien dachte und dem es bei der Errichtung der Diktatur des Proletariats auf ein paar Millionen Opfer mehr oder weniger nicht ankam, glaubte sie gar als «Süß- und Zuckerwassersozialisten» verspotten zu müssen, was eine grobe Ungerechtigkeit war. Wichtiger als alle Strategien, die nur dem

Tag und der Stunde angehörten, war die Schärfung des sozialen Gewissens, die der brillant dozierende Professor seinen Schülern auferlegte, unter ihnen Harry Graf Kessler und der junge Theodor Heuss. Daß der hochgebildete Sozialreformer bei weitem kein Leisetreter war, bewies er, als er mitten im Ersten Weltkrieg zusammen mit dem Historiker Hans Delbrück und dem Journalisten Theodor Wolff in einem Aufruf die deutsche Obrigkeit beschwörend vor der Einverleibung «politisch selbständiger und an Selbständigkeit gewöhnter Völker» warnte – ein Appell, der dann auch von Albert Einstein und Max Planck unterschrieben wurde.

Der Professor Lujo Brentano, der wie sein Bruder Franz der Exponent einer Übergangszeit war, starb am 9. September 1931 in München, am 153. Geburtstag seines Onkels Clemens. Unmittelbar zuvor erschien seine Autobiographie «Mein Leben im Kampf um die soziale Entwicklung Deutschlands», die neben der Selbstdarstellung des Verfassers auch schätzenswerte Rückblicke auf die Geschichte der Familie Brentano enthält. Das Buch setzt mit der Schilderung jenes Frühlingstages am Comer See ein, mit dem auch wir unsere Erzählung begonnen haben. Damals, beim Anblick der blühenden Riviera della Tremezzina, hat es der gefeierte und geschmähte «Kathedersozialist» deutlich gespürt, daß er untrennbar zu denen gehörte, die von hier einst aufgebrochen waren: nach Deutschland und anderswohin.

Der zwanzigjährige Herman Grimm als Student. Radierung von seinem Onkel Ludwig Emil Grimm, 1848.

Erben eines Jahrhunderts

An einem Oktoberabend des Jahres 1852 erschien der vierundzwanzigjährige Berliner Kunstgelehrte Herman Grimm, der Sohn des Märchensammlers Wilhelm Grimm, im ersten Stock des «Elephanten» am Weimarer Markt, dem «alten klassischen Wirtshaus». In dem Zimmer, das er betrat, brannte noch kein Licht, so daß er die versammelten Damen und Herren kaum erkennen konnte. Mit der greisen Bettine von Arnim, geborenen Brentano, sowie deren Töchtern Armgart und Gisela war er von Berlin her schon lange befreundet, aber die anwesenden Herren wurden ihm erst jetzt vorgestellt. Unter ihnen waren der Geiger Joseph Joachim aus der Nähe von Preßburg, damals Konzertmeister in der Weimarischen Hofkapelle, und der junge Pianist Hans von Bülow, der sich gerade bei Franz Liszt den letzten Schliff als Klaviervirtuose holte. Herman Grimm blieb der Dämmerabend noch aus der Rückschau von Jahrzehnten denkwürdig: «Dann wurde Musik gemacht. Ich hörte damals zum ersten Male eine Violinsonate Beethovens von Joachim. Ich saß still in meiner Ecke. Das Gefühl des Wiedersehens derer, zu denen ich mich rechnen durfte, und die leise einschleichende, entzückende Musik bildeten ein Element, das mich wie in eine neue Welt versetzte. Weimar war immer noch die Residenz Goethes, und sein Schatten schien dort noch umherzugehen.»

Am nächsten Morgen ging Bettine mit Herman Grimm hinaus zu Goethes Gartenhaus, das offenbar seit undenklicher Zeit niemand mehr besucht hatte. Sinnend saßen die alte Frau und ihr junger Bewunderer, der nach ihrem Tod ihr Schwiegersohn werden sollte, auf einer halbzerbrochenen Bank, inmitten von wucherndem Moos und vertrocknetem Spalierwein. Wieder an einem anderen Tag unternahm die ganze Gesellschaft einen Ausflug ins Schlößchen von Tiefurt, wo Armgart von Arnim, am Spinett sitzend, ein Lied ihres verstorbenen Onkels Clemens Brentano sang: «Gehör der Welt nicht an, so ist's um dich getan.» Auf dem Heimweg glänzte das Herbstlaub im Mondschein. Eine Stimmung von Nachsommer, Abschied und vergehender Schöne lag über diesen Tagen von Weimar, die Herman Grimm erst viel später erinnerungsschwer bewußt geworden ist: das letzte Abendleuchten der Kunstperiode.

Ihr Glanz umfließt die Brentano-Enkel und Kinder der Arnims, die Töchter freilich mehr als die Söhne. Der Erst-

*Maximiliane (Maxe) von Arnim, verh. Gräfin von Oriola
(1818–1894). Ölgemälde von Caroline Bardua, um 1845.*

geborene, Freimund von Arnim, lebte von 1812 bis 1863. Er erbte von seinem Vater die bedächtige Art und die Gewissenhaftigkeit, besonders den Hang zur Verwaltung der landwirtschaftlichen Güter. Zu seiner Hochzeit mit Anna von Baumbach stickten ihm die Mutter Bettine und die Schwestern eine kunstvolle Tischdecke, die sich über die Zeiten erhalten hat. Nach dem Tod seiner ersten Frau heiratete Freimund die Cousine Claudine, eine Tochter des Frankfurter Handelsherrn und Rödelheimer Parkschöpfers Georg Brentano.

Der Sohn Siegmund, im Jahr der Leipziger Völkerschlacht, 1813, geboren und erst 1890, dem Jahr von Bismarcks Sturz, gestorben, schlug die Diplomatenlaufbahn ein. Mitte März 1832 besuchte er Goethe in Weimar, der in das Stammbuch des Jünglings seine allerletzten Verse schrieb – beinahe Knittelverse, mit denen der Dichter vielleicht auch einen Schlußstrich unter den ihm längst suspekt gewordenen Mignon-Zauber Bettines ziehen wollte:

Ein jeder kehre vor seiner Tür,
Und rein ist jedes Stadtquartier:
Ein jeder übe seine Lektion,
So wird es gut im Rate stohn!

Der hintergründigen Bannformel, wenn es denn eine sein sollte, bedurfte es nicht mehr, denn eine Woche später war Goethe tot. Siegmund von Arnim aber focht es wenig an, daß der Scheideblick des Olympiers gerade noch auf ihm geruht hatte. Er war gütig und vornehm, jedoch ein trockener Geselle. «Hat auch von der poetischen Ader des Vaters nicht eine Spur», mußte ihm die Mutter Bettine bekümmert attestieren. Er rückte vom Attaché zum Legationssekretär auf und zog sich bereits 1846 in den Ruhestand zurück.

Friedmund, der dritte Sohn der Arnims, kam im Waterloo-Jahr 1815 zur Welt und starb 1883, dem Todesjahr Richard Wagners. Als Gutsherr von Blankensee führte er, schrullig und konsequent, ein alternatives Dasein, wie wir es heute nennen würden. In seiner «Neuen Heillehre», gedruckt auf eigene Kosten anno 1868, machte er sich anheischig, unheilbar geltende Leiden auszukurieren, wenn der Patient strengste Diät einhielt und auch den beigefügten Katalog «schädlicher Getränke» sorgfältig beachtete: «Kaffee, starker Thee, alle Spirituosen, als da sind: Liqueure, Cognac, Arrac, Rum, Branntwein, schlechte Weine, namentlich schlechter Champagner, alle Sorten Biere, alle Mineralwasser, alle medicinischen Thee's; Thee von Fliederblüthen, Kamillen, Baldrian, Ehrenpreis, Pfeffermünze, Schafgarbe, Melisse und alle Säuren.» Hingegen schätzten die Brüder Grimm Freimunds in Schlesien gesammelte Volksmärchen, die 1844 erschienen.

Kühnemund endlich, der jüngste Sohn, war 1817 geboren, dem Jahr des Wartburg-Festes, starb aber schon 1835 als Achtzehnjähriger, nachdem er beim Schwimmen verunglückt war. «Groß und schlank gewachsen, mit schönen, edlen Zügen und kühnen Augen glich er ganz dem Bild unseres Vaters aus dessen Jugendzeit», erinnerte sich später seine Schwester Maximiliane.

Die kleine Maximiliane eröffnete das Trio der Arnim-Töchter im Oktober 1818, wenige Wochen nachdem der Onkel Clemens zu der stigmatisierten Nonne Anna Katharina Emmerick in Dülmen abgereist war. Solche enragierte Glaubensinbrunst blieb dem protestantisch erzogenen Mädchen fremd, dessen Name auf die unvergessene, von Goethe einst umschwärmte Frankfurter Großmutter verweisen sollte. Wie die Ahnherrin wurde auch die schöne Enkelin «Maxe» gerufen: von den Verwandten und von den Kavalieren, unter denen sich ein Fürst Lichnowsky, ein

Armgart von Arnim, verh. Gräfin von Flemming (1821–1880). Ölgemälde von Caroline Bardua, um 1845 (links).

Gisela von Arnim, die jüngste Tochter Bettines und Arnims. Zeichnung, signiert MvB (rechts).

richtiger Hohenzollernprinz und dessen Adjutant befanden. Die heimlich geschlossenen Verlöbnisse mit diesen hochmögenden Persönlichkeiten führten zu keiner Ehe, denn eine Verbindung mit Maxe galt als unstandesgemäß für Herren, die zu den engsten Paladinen des Königs von Preußen zählten oder gar selbst dem Herrscherhaus angehörten.

Über dergleichen Kummer sollte wohl die Gründung eines literarischen Kränzchens hinweghelfen, Gesellschaft der Kaffeeter genannt. Die Mitglieder pflegten sich beim Kaffee zu versammeln und, auf diese Weise gelinde stimuliert, einander ihre poetischen Produktionen vorzulesen. Maxe führte als «Präsident Maiblümchen» den Vorsitz und hielt auf gepflegte, ein wenig ironisch gestimmte Geselligkeit. Zunächst wurden nur junge Damen aufgenommen, dann auch Herren, darunter der junge Emanuel Geibel und Herman Grimm. Als mit dem Ausgang des Biedermeier, kurz nach der Revolution von 1848, der Kreis zerfiel, heiratete die Ex-Präsidentin den Husarenobersten Eduard Graf von Oriola. In vorgerückten Jahren schrieb sie Memoiren, die das Kolorit einer versunkenen Epoche und viele Nachrichten aus der Familiengeschichte darbieten. Die «liebe Exzellenz Maxe», wie sie der uralte Kaiser Wilhelm I. anredete, starb als letztes der Arnim-Kinder am Silvestertag des Jahres 1894.

Ihre Schwester Armgart, geboren 1821, dem Todesjahr Napoleons, besaß eine phänomenale Stimme, die von der Komponistin Johanna Mathieu, der späteren Gattin des revolutionären Dichters Gottfried Kinkel, nach allen Regeln der Gesangskunst ausgebildet wurde. Franz Liszt begleitete sie am Klavier und widmete ihr das Lied «Du bist wie eine Blume». Aber auch die Schreibfeder wußte Armgart zu führen: ihr Märchen «Das Heimelchen», geschrieben für den Kaffeeterclub und illustriert von der Schwester Gi-

sela, erschien in der «Expedition des Arnimschen Verlags». Sie starb 1880 in Karlsruhe, erst neunundfünfzigjährig. Aus ihrer Ehe mit dem Diplomaten Albert Graf von Flemming gingen zwei Töchter hervor, die beide der Literatur erfolgreichen Tribut entrichten sollten. Elisabeth Heyking, bereits die Enkelin Bettines, verfaßte den Bestseller «Briefe, die ihn nicht erreichten», während ihre Schwester Irene Forbes-Mosse ebenfalls auflagenstarke Romane und Erzählungen in die Welt gehen ließ.

Gisela, das letzte der Arnim-Kinder, wurde am 30. August 1827 geboren – «trotz unserer Vorsicht», wie die von nunmehr sieben Schwangerschaften erschöpfte Bettine kurz vor der Niederkunft ihrem Mann gestand. Dann aber gedieh das feingliedrige Mädchen mit den edel gemeißelten Gesichtszügen zur Lieblingstochter ihrer Mutter, der sie auch in geistiger Hinsicht am meisten ähnlich war. Gisela teilte die demokratischen Neigungen Bettines, deren Bittschrift für den inhaftierten Revolutionär Kinkel sie König Friedrich Wilhelm IV. im Park von Sanssouci überreichte. Die Märchendichtungen, an denen Gisela federführend beteiligt war, sind wohl poetische Gemeinschaftsproduktio-

Gisela von Arnim, verh. Grimm (1827–1889). Ölgemälde von Caroline Bardua, um 1845.

nen der Familie von Arnim, denn Bettine und die Schwester Armgart dürften an ihnen mitgewirkt haben, wie schon der Vater Achim und der Onkel Clemens die romantische Vereinigung verschiedener künstlerischer Temperamente geliebt hatten. «Mondkönigs Tochter», «Aus den Papieren eines Spatzen» und namentlich der Märchenroman «Das Leben der Hochgräfin Gritta von Rattenzuhausbeiuns» erregten zuerst die Heiterkeit der jungen Damen im Kaffeeterkreis, deren Gedanken, was kaum verwundern konnte, nicht nur um die Literatur, sondern ebenso ums Heiraten kreisten. Es spielt auch in den Märchen Giselas und ihrer Musenschwestern eine Rolle: die Hochgräfin Gritta bekommt nach mancherlei Abenteuern den Prinzen Bonus, und ein des Schreibens kundiger Spatz, entfernter literarischer Nachfahre von E. T. A. Hoffmanns Kater Murr, bringt die Ehe zwischen der Tochter eines Gelehrten und einem armen Studenten zustande.

Der Student war kein anderer als Herman Grimm, der mit der um wenige Monate älteren Gisela schon als Schüler gespielt hatte. Trotzdem war die Ehe zwischen der ein wenig exzentrischen Arnim-Tochter, in der das Brentano-Blut besonders lebhaft zirkulierte, und dem hochgewachsenen «Knaben Herman» lange keine ausgemachte Sache, denn Gisela fühlte sich zu dem Geiger Joseph Joachim hingezogen. Erst spät, nach dem Tode der Mutter Bettine, heiratete die mittlerweile Zweiunddreißigjährige den Jugendfreund. Die Trauung in der Berliner Matthäikirche wurde heimlich vollzogen, da die adlige Braut den Protest der Geschwister gegen den bürgerlichen Bräutigam befürchtete. Freimund von Arnim, das Familienoberhaupt, las die Nachricht während einer Eisenbahnfahrt in der Zeitung, was er der Schwester nie verziehen hat.

Mehr als alle ihre Angehörigen durften sich Gisela und Herman als die Erben eines großen Jahrhunderts verste-

hen, dessen geistiger Reichtum durch beider Vorfahren so bedeutend vermehrt worden war: durch die Brentanos, die Arnims und auch die Grimms. Herman seinerseits war bereits mit Dramen und Novellen hervorgetreten. Die monumentale Michelangelo-Biographie, an der er seit Jahren arbeitete, stand zum Zeitpunkt der Eheschließung mit Gisela kurz vor dem Abschluß. Wie dieses Buch, das der Kunst der literarischen Lebensbeschreibung in Deutschland neue Wege wies, gleichzeitig die Darstellung eines exemplarischen Künstlerschicksals und einer Epoche ist, so nahm nun auch sein Verfasser die Strahlungen einer ganzen Ära in sich auf, an deren Ende er und seine Frau Gisela standen. Sie taten es durchaus als Epigonen: weder Herman Grimms Dramen noch diejenigen Giselas, die ebenfalls als Stückeschreiberin dilettierte, vermochten dem Instrumentarium des klassischen deutschen Schauspiels noch neue Möglichkeiten abzugewinnen.

Während aber ihre eigenen Beiträge zur Literatur epigonenhaft blieben, haben sie als Sammler, Mittler und Anreger außerordentlich fruchtbar gewirkt. Unentwegt waren sie im produktiven Gespräch mit schöpferischen Persönlichkeiten, so mit Eduard Mörike und Gottfried Keller, so auch mit dem Philosophen Wilhelm Dilthey und dem Historiker Leopold von Ranke. Unentwegt schlugen sie Brücken zwischen Völkern, Zeiten und Kontinenten, sogar über den großen Ozean zu dem amerikanischen Dichter und Denker Ralph Waldo Emerson, mit dem sie in Florenz zusammentrafen und dessen Essays Grimm ins Deutsche übertrug. Unentwegt gaben sie das Erbe des Jahrhunderts, in dessen Abendsonne sie aufgewachsen waren, an eine neue Generation weiter. Die mächtige Michelangelo-Biographie war ein Glücksfall nachschaffender Vergegenwärtigungskunst, der viele Nachahmer fand. Mehr aber noch muß sich Grimms dialogisches Vermögen eines lebendigen

Marianne von Willemer, die Suleika von Goethes «West-östlichem Divan» und Freundin der Familie Brentano. Pastellbild von Johann Jakob de Lose, 1809.

Mittlertums in der Konversation und überhaupt in seiner Beredsamkeit gezeigt haben, nachdem er eine Professur für Kunstgeschichte an der Berliner Universität erhalten hatte.

Das strikte Einhalten des wissenschaftlichen Horizonts oder gar modernes Spezialistentum waren seine Sache nicht. Grimm entwarf stets ein farbiges Panorama, das er aus dem Fundus seiner immensen Kenntnisse eindrucksvoll bevölkerte. Die Gegner, allen voran der Kunsthistoriker Anton Springer, wollten darin nur «Geschwätz», «Kolportage», «mißglückten historischen Roman» sehen, was der Ausstrahlung und Leistung des eloquenten Professors kaum gerecht wurde. Er holte Gestalten und ganze Zeitalter aus der Verschollenheit herauf, stattete sie mit Leben aus und präsentierte sie als Zeitgenossen von Fleisch und Blut seinen begeisterten Hörern, worin er nun freilich einem ingeniösen Regisseur oder zauberischen Prospero ähnlicher sein mochte als einem auf distanzierte Analyse bedachten Fachgelehrten.

Goethe stand dabei im Mittelpunkt, seit die alte Marianne von Willemer dem Studenten Herman Grimm ihr bis dahin sorgsam gehütetes Geheimnis offenbart hatte, daß einige der berühmtesten Suleika-Gedichte aus dem «West-östlichen Divan» von ihr herrührten. Grimm machte die erstaunliche Tatsache, daß sich ein junges, halbwegs gebildetes Durchschnittsmädchen auf die Höhen eines poetischen Genies aufgeschwungen hatte, nach dem Tode Mariannes in seinem Charakterbild «Goethe und Suleika» der Mit- und Nachwelt bekannt. Die geistige und verwandtschaftliche Heimat, die er dann im Kreis von Goethes «Kind» Bettine fand, vertiefte außerdem die innere Beziehung zu dem verewigten Olympier, dessen Schatten er in Weimar immer noch umhergehen sah.

Im Wintersemester 1874/75 hielt Grimm an der Berliner Universität Vorlesungen über Goethe, die kurz darauf auch als zweibändige Buchausgabe erschienen. Die Verherrlichung, die er hier dem Dichterfürsten angedeihen ließ, lief auf eine ähnliche Apotheose hinaus, die schon Grimms Schwiegermutter Bettine mit ihren Monumenten in Worten und in Marmor angestrebt hatte. Goethes Wirkung auf die geistige Atmosphäre Deutschlands, so verkündete der Redner vor dem überfüllten Auditorium, lasse an ein «tellurisches Ereignis» denken, «das unsere klimatische Wärme um soundso viel Grade im Durchschnitte erhöhte». Trotz solcher Erhöhungen des Meisters zu einem Elementarwesen, das geradezu in den natürlichen Ablauf von Äonen eingriff, war es Grimm doch auch um den Menschen Goethe zu tun, besonders dort, wo er aus den Überlieferungen schöpfen konnte, die aus der intimen Kenntnis Bettines und von deren Großmutter Maximiliane Brentano stammten. Ein Stück vertrauter und ungebrochener Familientradition erlebte in diesen Vorlesungen seine späte Krönung: «Wie die Kinder Lotte Kestners glaubten

Herman Grimm (1829–1901), Chronist Goethes und der Familie Brentano. Altersbildnis.

später auch die Maximilianens zu Goethe in besonderer Verwandtschaft zu stehen.»

Grimms beschwörende Goethe-Prophetie war an die junge Generation gerichtet, und doch gehörte er, was ihm nur zu bewußt war, einem inzwischen fast untergegangenen Zeitalter an, so daß man ihn, nach einem bekannten Wort, einen rückwärtsgewandten Propheten nennen könnte. Das Gefühl, ein Spät- und Zuletztgekommener zu sein, mag den Testamentsvollstrecker der deutschen Klassik und Romantik immer nachdrücklicher beherrscht haben, je älter er wurde. Vielleicht hat Grimm, wenn er darüber nachdachte, auch die Fügung als folgerichtig empfunden, daß seine Ehe mit Gisela kinderlos blieb...

Gisela starb während eines Aufenthaltes in Florenz. Der Witwer ließ ihr die Worte auf den Grabstein setzen: «Hier liegt fern von ihrem deutschen Vaterlande, aber in Gottes Erde, Gisela Grimm, geboren zu Berlin 1827, entschlafen zu Florenz 1889, die Tochter Achims und Bettinas von Arnim, die Lebensgefährtin Herman Grimms, den sie allein zurückließ.»

Den vereinsamten Sachwalter einer dahingegangenen Kultur darf man sich allerdings nicht zu feierlich und vor allem nicht verbittert vorstellen. Seinen Witz, mit dem er schon Bettine amüsiert hatte, behielt er bis zuletzt, ebenso den berlinischen Tonfall, den er, der geborene Hesse, aus Sympathie für das von ihm geliebte Spree-Athen pflegte. Er war zugleich heiterer, bisweilen spöttischer Plauderer und pathetischer Apostel – und also auch in dieser Kombination der Grandseigneur aus einem zur Sage gewordenen Zeitalter.

Er erlebte noch, Juni 1896, die Einweihung des Goethe- und Schiller-Archivs zu Weimar, als dessen Direktor er der Großherzogin Sophie den Germanisten Bernhard Suphan empfohlen hatte. Die Mitarbeiter der neuen Institution betrachteten den Berliner Gast mit allen Schauern der Ehrfurcht, wie er wohl Archivare beschleichen mag, wenn eine Gestalt aus den von ihnen verwahrten Schätzen plötzlich zu wandeln beginnt. Ein Augenzeuge hat solche Empfindungen festgehalten: «Wenn Herman Grimm in Weimar und im Archiv erschien, dann fühlte man die Nachlaßstätte wie durch geheime Fäden mit Goethe verbunden.»

Er starb am 16. Juni 1901 in Berlin. Es war auf den Tag genau einundneunzig Jahre her, daß seine Schwiegermutter Bettine Brentano, damals noch ein junges Mädchen, ihren Jugendfreund Max Prokop von Freyberg beschworen hatte: «O, bleib' wie Du bist, ein Kind!» Er, Herman Grimm, bewahrte sich zeitlebens etwas von dieser romantischen Naivität, auch wenn er darüber zum Patriarchen und Erben eines ganzen Jahrhunderts geworden war. Den Brentanos, den Vorfahren und Geschwistern Bettines, erhielt er dabei eine besondere Anhänglichkeit: der Familie, die aus Italien gekommen war, in dessen Erde nun seine Frau Gisela ruhte.

Fast ein Jahrhundert lang Residenz und Zentrum der Familie Brentano: Das Haus «Zum Goldenen Kopf» in Frankfurt, Große Sandgasse. Altes Aquarell, vielleicht von einer Angehörigen der Familie.

Den Brentanos widmete Herman Grimm einen schönen Essay, der in seinen «Beiträgen zur Deutschen Culturgeschichte» nachzulesen ist. Man hat später, sicher mit Recht, an dem Aufsatz eine viel zu pietätvolle Harmonisierung getadelt, die uns Skeptikern fremd geworden ist und die außerdem mit der historischen Wirklichkeit nicht immer im Einklang steht. Ungeachtet aller Berichtigungen im Detail, die auf Grund neuerer Forschungen notwendig sind, und trotz aller kritischen Distanz, die uns zu dem Beitrag angebracht dünkt, wird Grimms Würdigung der Brentanos stets bedeutsam bleiben, ganz besonders dort, wo der Verfasser von ihrem «Beruhen auf dem eigenen Geiste» spricht. Es ist der Geist einer Familie, deren Angehörige

Italiener waren, dann Deutsche wurden und immer Europäer blieben. Vor allem diese Geschichte hat Herman Grimm, den Michelangelo-Biographen und Goethe-Jünger, an den Brentanos bewegt, nicht nur seine eigene verwandtschaftliche Bindung an sie – die Geschichte von Menschen, die nach vielen Seiten hin Grenzen im Raum und in der Zeit überschritten haben: «Durch dies Beruhen auf dem eignen Geiste hoben sie sich von den übrigen Bewohnern der fröhlichen Stadt Frankfurt ab, einer dauernden Sonnenstelle in einer freundlichen Landschaft vergleichbar. Hundert Jahre hat diese Dynastie Brentano, deren Residenz der Goldene Kopf in der Sandgasse war, sich behauptet, und noch ist ihr Gedächtnis nicht verschwunden.»

Anhang

Nachbemerkung

Dieses Buch ist kein genealogisches Werk. Es möchte die umfassende Familiengeschichte der Brentanos nicht vorwegnehmen, deren Fehlen mehrfach beklagt worden ist und die weiterhin ein Desiderat bleibt. Das Buch stellt in einem locker komponierten Reigen von Essays und Bildern einige Persönlichkeiten aus der Familie Brentano di Tremezzo vor, die für die deutsche Kultur- und Geistesgeschichte des 18. und 19. Jahrhunderts wichtig geworden sind. Einige Gestalten aus anderen Linien der Brentano-Dynastie (der Gnosso, Cimaroli usw.) werden nur kurz im Prolog präsentiert.

Die Wandlungen des deutschen Geistes-, Kunst- und Gesellschaftslebens von der Aufklärung bis zur Gründerzeit spiegeln sich in den Schicksalen einer einzigen Familie und ihrer Angehörigen. Dies zu zeigen, schien mir vor allem reizvoll zu sein. Dabei habe ich mich ganz bewußt auf jenen Zeitraum beschränkt, der von Aufklärung, Klassik, Romantik und Nachklassik geprägt war. Immer wieder kehrt die Darstellung zu Goethe zurück, zu dem auffallend viele Brentanos in unterschiedlichen, aber oft engen Verhältnissen standen.

Der Prolog gibt eine Skizze der italienischen Vorgeschichte der Brentanos, deren Kenntnis für die spätere Rolle der Familie in Deutschland wichtig ist. Die Betrachtung der Schriftstellerin Sophie von La Roche und ihres Mannes Georg Michael Anton, der Eltern Maximiliane Brentanos, ergab sich gleichsam von selbst. Im Mittelpunkt stehen dann der Frankfurter Handelsherr Peter Anton Brentano und seine drei Ehen sowie vor allem die Kinder, die aus diesen Ehen hervorgegangen sind: jene «romantische Generation», der auch Clemens und Bettine angehörten. Das letzte Kapitel gibt einen kurzen Abgesang, der ganz im «Abendleuchten der Kunstperiode» steht. Auf die Einbeziehung der Nachfahren, die erst im 20. Jahrhundert von sich reden machten und unter völlig anderen historischen Voraussetzungen gewirkt haben, mußte daher verzichtet werden. Ich nenne nur den Diplomaten Clemens von Brentano, den ersten bundesdeutschen Außenminister Heinrich von Brentano und den Schriftsteller Bernard von Brentano.

Im Zentrum der Essays steht immer die Biographie, deren näherem Verständnis auch zahlreiche psychologische und kulturgeschichtliche Details dienen. Besonders war es darauf abgesehen, den Gestalten eines versunkenen Zeitalters etwas von ihrer Farbigkeit und Lebensfrische zurückzugeben. Auf Atmosphäre und Kolorit habe ich viel Wert gelegt und mich dabei ganz bewußt feuilletonistischer, manchmal sogar erzählerischer Möglichkeiten versichert. Völlig unterbelichtet mußten die literarischen Werke von Clemens und Bettine bleiben, deren Interpretation nicht Gegenstand einer Familiengeschichte sein kann.

Die Texte dieses Buches sollten stets in einem engen Bezug auf die Bilder gelesen werden, die dem Band das besondere Gepräge geben. Erst die Geschlossenheit von Text und Bild kann die klassisch-romantische Welt mitsamt ihren Gestalten vergegenwärtigen, worauf in erster Linie meine Absichten gerichtet waren.

Das Buch wendet sich vorwiegend an den großen Kreis kulturhistorisch interessierter Leser, nicht an den Fachgelehrten, der ihm kaum grundsätzlich Neues entnehmen wird. Gleichwohl wäre das Buch ungeschrieben geblieben, wenn ich nicht aus einer Vielzahl von Publikationen und Editionen hätte schöpfen können. Das Literaturverzeichnis nennt einige davon, was aus Raumgründen leider nur in

176

Auswahl möglich ist. Vor allem mußten dort die zahlreichen zeitgenössischen Memoirenwerke, Briefe und sonstigen Quellen unerwähnt bleiben, die mir bei der Wiedergabe der Atmosphäre, vieler Einzelheiten und Valeurs sowie mancher Anekdote unentbehrlich waren.

Ich möchte wenigstens an dieser Stelle eine Reihe von Persönlichkeiten aufführen, die in Vergangenheit und Gegenwart zur Erforschung der Familie Brentano oder einzelner Angehöriger von ihr beigetragen haben. Sie haben, in früherer Zeit oder heute, die Erschließung und Pflege des Erbes einer außergewöhnlichen Familie zu ihrer Sache gemacht. Ihnen allen und ihrer Arbeit bin ich in bleibender Dankbarkeit verpflichtet:

Angela und Udo von Brentano, Friedrich Freiherr von Brentano, Johannes Freiherr von Brentano, Otto von Brentano di Tremezzo, Peter Anton von Brentano, Giorgio Brentano-Gnosso, Pankraz Freiherr von Freyberg.

Jürgen Behrens, Werner Bellmann, Fritz Böttger, Ingeborg Drewitz, Alfred Engelmann, Hans Magnus Enzensberger, Konrad Feilchenfeldt, Wolfgang Frühwald, Friedrich Fuchs, Bernhard Gajek, Dagmar von Gersdorff, Heinz Härtl, Helmut Hirsch, Friedhelm Kemp, Eckart Kleßmann, Gerhard Kluge, Detlev Lüders, Petra Maisak, Otto Mallon, Michael Maurer, Robert Minder, Renate Moering, Walter Müller-Seidel, Rainer Niebergall, Waldemar Oehlke, Christoph Perels, Helene M. Kastinger Riley, Heinz Rölleke, Wilhelm Schellberg, Karen Schenck zu Schweinsberg, Walter Schmitz, Hartwig Schultz, Oskar Seidlin, Sibylle von Steinsdorff, Elisabeth Stopp, Werner Vordtriede, Luciano Zagari.

Das vorliegende Buch geht auf einen meiner ältesten publizistischen Pläne zurück, dessen Ausführung teils an anderen Projekten, teils auch an den Zeitläuften scheiterte. Wenn ich die lange gehegte Absicht nun doch verwirklichen konnte, so habe ich es in erster Linie Herrn Dr. Martin Müller vom Verlag Artemis & Winkler Zürich zu danken. Ihm weiß ich mich daher in ganz besonderer Weise verbunden.

Klaus Günzel

Peter Anton Brentano aus dem Hause Tremezzo,

seine drei Frauen und zwanzig Kinder – Ein Überblick

Nach: Peter Anton von Brentano, Schattenzug der Ahnen der Dichtergeschwister Clemens und Bettina Brentano, Regensburg 1940

und: Alfred Engelmann, Die Brentano am Comer See, München 1974

Peter Anton (Pietro Antonio): *Tremezzo 19. 9. 1735, †Frankfurt 9. 3. 1797 – Kaufmann, Inhaber eines Spezereigroßhandels zu Frankfurt, Kurtrierischer Geheimer Rat und bei der Freien Reichsstadt Frankfurt akkreditierter Resident.

I. Ehe: (⚭ Frankfurt 18. 1. 1763): mit *Josepha Maria Walpurga Paula Brentano-Gnosso* (*Frankfurt 18. 4. 1744, †Frankfurt 4. 9. 1770); 6 Kinder

II. Ehe: (⚭ Ehrenbreitstein Schloßkapelle 9. 1. 1774): mit *Maximiliane von La Roche* (Tochter von Sophie Maria von La Roche, geb. Gutermann von Gutershofen, und Georg Michael Anton von La Roche; *Mainz 4. 5. 1756, †Frankfurt 9. 11. 1793); 12 Kinder

III. Ehe: (⚭ Frankfurt 29. 6. 1795): mit *Friederike Anna Ernestine Freiin von Rottenhof* (*1771, nach Peter Anton Brentanos Tod wiedervermählt mit Freiherrn Christoph von Stein zum Altenstein, †Schloß Pfaffendorf in Franken 1. 10. 1817); 2 Kinder

Kinder aus 1. Ehe:

1. *Anton* Maria (*Frankfurt 16. 10. 1763, †Frankfurt 30. 1. 1833)

2. *Franz* Dominicus Joseph Maria (*Frankfurt 17. 11. 1765, †Frankfurt 28. 6. 1844; Handelsherr in Frankfurt und Guts-

herr in Winkel am Rhein, Schöffe und Senator der Freien Stadt Frankfurt; ⚭ Wien 23. 7. 1798 mit *Johanna Antonia, Edle von Birkenstock,* *Wien 28. 5. 1780, †Frankfurt 12. 5. 1869); 5 Kinder

3. *Maria Josepha* (nach anderen Quellen auch Maria Theresia Johanna Walburga, *Frankfurt 7. 3. 1767, †Frankfurt 14. 4. 1770)

4. *Peter* Anton Ludwig (*Frankfurt 10. 4. 1768, †Frankfurt 24. 12. 1788)

5. *Dominik* Martin Franz Carl (*Frankfurt 15. 6. 1769, †Frankfurt 12. 5. 1825; Dr. jur., Kurtrierischer Hofgerichtsrat)

6. *Paula* Maria Walpurga (*Frankfurt 24. 8. 1770, †Schloß Hassenberg bei Coburg 12. 3. 1805; ⚭ Juli 1800 mit *Wilhelm Joseph Ignaz von Wasmer*, Oberst und Herr auf Hassenberg)

Kinder aus 2. Ehe:

7. *Georg* Michael Anton Joseph (*Ehrenbreitstein 15. .8. 1776, †Frankfurt 22. 2. 1851; ⚭ Frankfurt 26. 6. 1803 mit *Marie Schröder*, †23. 5. 1815); 4 Kinder

8. *Sophie* Marie Therese (*Ehrenbreitstein 15. 8. 1776, †Oßmannstedt 19. 9. 1800)

9. *Clemens* Wenzel Maria (*Ehrenbreitstein 9. 9. 1778, †Aschaffenburg 28. 7. 1842; 1. Ehe ⚭ Marburg 29. 10. 1803 mit *Sophie Mereau*, geb. Schubart, *Altenburg 27. 3. 1761, †Heidelberg 31. 10 1806; 2. Ehe ⚭ Kassel 21. 8. 1807, geschieden 1814, mit Magdalena Margarete *Auguste Bußmann*, *Frankfurt 1. 1. 1791, †Frankfurt 17. 4. 1832)

10. Kunigunde (*Gunda*) Maria Ludovica Catharina (*Ehrenbreitstein 28. 7. 1780, †Berlin 17. 5.1863; ⚭ Meerholz 17. 4.

1804 mit *Friedrich Carl von Savigny*, *Frankfurt 21. 2. 1779, †Berlin 25. 10. 1861, Dr. jur., Universitätsprofessor, kgl. preußischer Staatsminister, Ritter des Schwarzen Adlerordens); 5 Kinder

11. *Maria* Franziska Catharina (*Frankfurt 3. 3. 1782, †Frankfurt 5. 6. 1785)

12. *Christian* Franz Damian Friedrich (*Frankfurt 24. 1. 1784, †Frankfurt 27. 10. 1851; ⚭ Nizza 21. 4. 1835 mit *Emilie Maria Anna Genger*, *Reichelsheim 27. 9. 1810, †Aschaffenburg 1. 10. 1881), 5 Kinder (darunter der Philosoph Franz Brentano, *1828, †1917, und der Nationalökonom Ludwig-Joseph – Lujo – Brentano, *1844, †1931)

13. Elisabeth (*Bettine*) Catharina Ludovica Magdalena (*Frankfurt 4. 4. 1785, †Berlin 20. 1. 1859; ⚭ Berlin 11. 3. 1811 mit *Ludwig Achim von Arnim*, *Berlin 26. 1. 1781, †Wiepersdorf 21. 1. 1831); 7 Kinder (Freimund, *1812, †1863; Siegmund, *1813, †1890; Friedmund, *1815, †1883; Kühnemund, *1817, †1835; Maximiliane, *1818, †1894, ⚭ mit Eduard Graf von Oriola; Armgart, *1821, †1880, ⚭ mit Albert Graf von Flemming; Gisela, *1827, †1889, ⚭ mit Herman Grimm)

14. Ludovica (*Lulu*) Maria Catharina (*Frankfurt 9. 1. 1787, †Würzburg 19. 11. 1854; 1. Ehe ⚭ Frankfurt 1805 mit *Carl Jordis*, Hofbankier, †1827; 2. Ehe ⚭ Paris 1827 mit *Richard Peter Rosier des Bordes,* Bankier, †Paris 1831)

15. Magdalena (*Meline*) Maria Carolina Franziska (*Frankfurt 21. 7. 1788, †Frankfurt 7. 10. 1861; ⚭ Frankfurt 8. 1. 1810 mit *Georg Friedrich von Guaita*, *Frankfurt 2. 7. 1772, †Frankfurt 30. 3. 1851, Senator und Bürgermeister der Freien Stadt Frankfurt); 5 Kinder

16. *Caroline* Ludovica Ernestine (*Frankfurt 29. 1. 1790, †Frankfurt 23. 9. 1791)

17. *Anna* Maria Franziska Ludovica (*Frankfurt 20. 9. 1791, †Frankfurt 26. 4. 1792)

18. *Susanna* Philippine Franziska Ludovica (*Frankfurt 11. 5. 1793, †Frankfurt 2. 9. 1793)

Kinder aus 3. Ehe:

19. *Friedrich* Karl Franz (*Frankfurt 29. 7. 1796, †Frankfurt 5. 8. 1796)

20. Franz Peter *August* (*Frankfurt 20. 7. 1797, gefallen bei Jüterbog 7. 9. 1813 als großherzoglich-würzburgischer Junker)

Genealogische Übersicht über die in diesem Band

dargestellten Generationen

der Brentano-Familie

Georg Michael von La Roche (1720 – 1788)
⚭ 1753 Sophie Gutermann (1731 – 1807)

— Luise von La Roche (1759 – 1832)
⚭ 1799 Christian von Möhn (? – 1804)

Peter Anton Brentano-Tremezzo
(19. 9. 1735 – 9. 3. 1797)

1. ⚭ 1763 Josepha Maria Walpurga
Paula Brentano-Gnosso
(1744–1770)

— Anton (1763–1833)

— Franz (17. 11. 1765–28. 6. 1844)
⚭ 1798 Antonia (Toni) von
Birkenstock (1780–1869),
5 Kinder

— Maria Josepha (1767–1770)

— Peter (1768–1788)

— Dominik (1769–1825)

— Paula (1770–1805)
⚭ 1800 Wilhelm von Wasmer
(*1750)

2. ⚭ 9. 1. 1774
Maximiliane von La Roche
(4. 5. 1756–9. 11. 1793)

— Georg (15. 8. 1776–22. 2. 1851)
⚭ Marie Schröder (1781–1815),
4 Kinder

— Sophie (15. 8. 1776–19. 9. 1800)

— Clemens Wenzel Maria
(9. 9. 1778–28. 7. 1842)
1. ⚭ 29. 10. 1803
Sophie Mereau, geb. Schubart, gesch. Mereau
(27. 3. 1770–31. 10. 1806)

2. ⚭ 21. 8. 1807, gesch. 1814 Auguste Bussmann (1. 1. 1791–17. 4. 1832)
[2. ⚭ 1817 August Ehrmann]

— Kunigunde (Gunda) (1780–1863)
⚭ 1804 Friedrich Carl von Savigny (1779–1861),
5 Kinder

— Maria (1782–1785)

— Christian (24. 1. 1784–27. 10. 1851)
⚭ 1835 Emilie Genger (1810–1881),
5 Kinder, darunter:

—Franz (1838–1917)
—Ludwig Joseph (Lujo) (1844–1931)

— Elisabeth (Bettine) (4. 4. 1785–20. 1. 1859)
⚭ 1811 Achim von Arnim (1781–1831),
7 Kinder

— Ludovica (Lulu) (1787–1854)
1. ⚭ Karl Jordis († 1827)
2. ⚭ Richard Peter Rosier des Bordes († 1831)

— Magdalena (Meline) (1788–1861)
⚭ 1810 Georg Friedrich von Guaita (1772–1851),
5 Kinder

— Caroline (1790–1791)

— Anna (1791–1792)

— Susanna (*† 1793)

3. ⚭ 1795
—Friederike Anna Ernestine
Freiin von Rottenhoff
(1771–1817)

—Friedrich (*†1796)

—August (1797–1813)

Literaturhinweise in Auswahl

Grundlegende Werke:

Brentano, Johannes Frhr. von: Die Brentano. Aufsätze zur Familiengeschichte. Hrsg. u. verlegt v. Pankraz Frhr. von Freyberg. München 1990

Brentano, Peter Anton von: Schattenzug der Ahnen der Dichtergeschwister Clemens und Bettina Brentano. Regensburg 1940

Engelmann, Alfred: Die Brentano am Comer See. München 1974 (= Genealogia Boica. Bd. 2)

Feilchenfeldt, Konrad und Luciano Zagari (Hrsg.): Die Brentano. Eine europäische Familie. Tübingen 1992 (= Reihe der Villa Vigoni. Bd. 6)

Minder, Robert: Geist und Macht oder Einiges über die Familie Brentano. Mainz/Wiesbaden 1972 (= Akademie der Wissenschaft und Literatur Mainz. Abhandlungen der Klasse der Literatur. Jahrgang 1971/72. Nr. 3)

Plato, Karl Theo: Die Brentanos, einige Betrachtungen zur Familiengeschichte. Koblenz 1979 (= Koblenzer Hefte für Literatur. Nr. 1)

Zu Sophie von La Roche:

Maurer, Michael (Hrsg.): Ich bin mehr Herz als Kopf. Sophie von La Roche. Ein Lebensbild in Briefen. München 1983

Milch, Werner: Sophie La Roche. Die Großmutter der Brentanos. Frankfurt a. M. 1935

Plato, Karl Theo: Sophie La Roche in Koblenz/Ehrenbreitstein. Koblenz 1978 (= Mittelrheinische Hefte. 1.)

Zu Franz und Antonia Brentano:

Niedermayer, A.: Frau Schöff Antonia Brentano. Ein Lebensbild. Frankfurt a. M. 1869

Schaefer, Albert: Das Brentanohaus in Winkel/Rheingau. 2. Aufl., erw. v. Alexander Hildebrand. Wiesbaden 1976

Zu Sophie Brentano:

Döhn, Helga: Sophie Brentano 1776–1800. Ein Lebensbild nach Briefen im Nachlaß Savigny und anderen Quellen. In: Studien zum Buch- und Bibliothekswesen. Bd. 4. Leipzig 1986, S. 46–70

Drude, Otto (Hrsg.): Christoph Martin Wieland – Sophie Brentano. Briefe und Begegnungen. Berlin 1989

Schenck zu Schweinsberg, Karen (Hrsg.): Meine Seele ist bey euch geblieben. Briefe Sophie Brentanos an Henriette von Arnstein. Weinheim 1985

Sudhof, Siegfried (Hrsg.): Wieland und Sophie Brentano. In: Studien zur Goethezeit. Festschrift für Liselotte Blumenthal. Weimar 1968, S. 411–437

Sudhof, Siegfried (Hrsg.): Sophie Brentano – Christoph Martin Wieland. Briefwechsel 1799–1800. Frankfurt a. M. 1980 (= Briefe aus Frankfurt. Neue Folge. Bd. 10)

Zu Clemens Brentano:

Brentano, Clemens: Sämtliche Werke und Briefe. Historisch-kritische Ausgabe. Hrsg. v. Jürgen Behrens, Wolfgang Frühwald, Detlev Lüders. Frankfurt a. M. 1975 ff.

Brentano, Clemens: Werke. Hrsg. v. Wolfgang Frühwald, Bernhard Gajek u. Friedhelm Kemp. Bd. 1–4. 2., durchges. u. im Anhang erw. Aufl. München 1978

Clemens Brentano 1778–1842. Katalog der Ausstellung Freies Deutsches Hochstift – Frankfurter Goethe-Museum. 5. September bis 31. Dezember 1978

Enzensberger, Hans Magnus (Hrsg.): Requiem für eine romantische Frau. Die Geschichte von Auguste Bußmann und Clemens Brentano. Berlin 1988

Feilchenfeldt, Konrad; Brentano-Chronik. Daten zu Leben und Werk. München 1978 (= Reihe Hanser. Bd. 259)

Gajek, Bernhard: Homo Poeta. Zur Kontinuität der Problematik bei Clemens Brentano. Frankfurt a. M. 1971 (= Goethezeit. Bd. 3)

Gersdorff, Dagmar von (Hrsg.): Lebe der Liebe und liebe das Leben. Der Briefwechsel von Clemens Brentano und Sophie Mereau. Frankfurt a. M. 1981

Gersdorff, Dagmar von: Dich zu lieben kann ich nicht verlernen. Das Leben der Sophie Brentano-Mereau. Frankfurt a. M. 1984

Kastinger Riley, Helene M.: Clemens Brentano. Stuttgart 1985 (= Sammlung Metzler. Bd. 213)

Lüders, Detlev (Hrsg.): Clemens Brentano. Beiträge des Kolloquiums im Freien Deutschen Hochstift 1978. Tübingen 1980 (= Freies Deutsches Hochstift. Reihe der Schriften. Bd. 24)

Mallon, Otto: Brentano-Bibliographie. Berlin 1926

Schellberg, Wilhelm und Friedrich Fuchs (Hrsg.): Das unsterbliche Leben. Unbekannte Briefe von Clemens Brentano. Jena 1939

Schultz, Hartwig: Der unbekannte Brentano. Bamberg 1977

Zu Bettine Brentano:

Arnim, Bettine von: Werke und Briefe. In 3 Bdn. Hrsg. v. Walter Schmitz u. Sibylle von Steinsdorff. Frankfurt a. M. 1986 ff. (= Bibliothek deutscher Klassiker)

Arnim, Bettine von: Sämtliche Werke. Hrsg. v. Waldemar Oehlke. Bd. 1–7. Berlin 1920–1922

Arnim, Bettine von: Werke. Hrsg. v. Heinz Härtl. Bd. 1 ff. Berlin, Weimar 1986 ff.

Böttger, Fritz: Bettina von Arnim. Ein Leben zwischen Tag und Traum. Berlin 1986

Drewitz, Ingeborg: Bettine von Arnim. Romantik – Revolution – Utopie. Düsseldorf, Köln 1969

Hirsch, Helmut: Bettine von Arnim. Mit Selbstzeugnissen und Bilddokumenten. Reinbek bei Hamburg 1987 (= Rowohlts Monographien. Bd. 359)

Lüders, Detlev (Hrsg.): Achim von Arnim 1781–1831. Katalog der Ausstellung Freies Deutsches Hochstift – Frankfurter Goethe-Museum, 30. Juni bis 31. Dezember 1981

Perels, Christoph (Hrsg.): Herzhaft in die Dornen der Zeit greifen... Bettine von Arnim 1785–1859. Katalog der Ausstellung Freies Deutsches Hochstift – Frankfurter Goethe-Museum 1985

Schellberg, Wilhelm und Friedrich Fuchs (Hrsg.): Die Andacht zum Menschenbild. Unbekannte Briefe von Bettine Brentano. Jena 1942

Schultz, Hartwig (Hrsg.): Der Briefwechsel Bettine von Arnims mit den Brüdern Grimm 1838–1841. Frankfurt a. M. 1985

Vordtriede, Werner (Hrsg.): Achim und Bettina in ihren Briefen. Briefwechsel Achim von Arnim und Bettina Brentano. Mit einer Einleitung von Rudolf Alexander Schröder. Bd. 1–2. Frankfurt a. M. 1981

Vordtriede, Werner (Hrsg.): Bettina von Arnims Armenbuch. Frankfurt a. M. 1981 (= insel taschenbuch. Bd. 541)

Zu Franz und Lujo Brentano:

Brentano, Lujo: Mein Leben im Kampf um die soziale Entwicklung Deutschlands. Jena 1931

Kraus, O.: Franz Brentano. Zur Kenntnis seines Lebens und seiner Lehre. München 1919

Winter, Eduard: Ketzerschicksale. Christliche Denker aus neun Jahrhunderten. Berlin 1979

Zu den Arnim-Kindern:

Grimm, Herman: Beiträge zur Deutschen Culturgeschichte. Berlin 1897

Werner, Johannes (Hrsg.): Maxe von Arnim. Tochter Bettinas, Gräfin von Oriola 1818–1894. Ein Lebens- und Zeitbild, aus alten Quellen geschöpft. Leipzig 1937

Über *Peter Anton* und *Maximiliane Brentano* enthalten die zu Beginn dieses Literaturverzeichnisses genannten Werke von Johannes Frhr. von Brentano, Peter Anton von Brentano und Feilchenfeldt/Zagari vielfältiges Material.

Zu *Gunda, Christian, Lulu, Meline* und den anderen Geschwistern sind die gleichen Werke sowie die Editionen und Publikationen benutzt worden, die in dieser Übersicht unter Clemens und Bettine Brentano aufgezählt sind.

Aus Raumgründen müssen hier die zahlreichen zeitgenössischen Memoirenwerke (z. B. von Ludwig Emil Grimm) und die Briefausgaben (z. B. der Frau Rath Goethe) unerwähnt bleiben, die zu den ergiebigsten Quellen für das vorliegende Buch gehörten.

Personenregister

Zur besseren Orientierung des Lesers ist bei allen Angehörigen der Familie Brentano jeweils hinter dem Namen das Geburtsjahr in Klammern angegeben.

d'Agoult, Marie-Cathérine-Sophie Gräfin   8

Anna Amalia, Herzogin von Sachsen-Weimar   48

Aristoteles   158 f.

Arnim, Achim von   12, 89, 106–108, 120, 128, 130, 135–139, 141, 145, 146, 149, 153, 155, 164, 167 f., 171

Arnim, Anna von   164

Arnim, Armgart von s. Flemming, Armgart Gräfin von

Arnim, Bettine (Elisabeth Catharina Ludovica Magdalena) von (geb. Brentano)   8, 20, 32, 52 f., 56, 61, 65 f., 71, 72, 74, 76, 82, 86, 89–91, 107, 111, 116, 118, 120, 122, 127, 128–133, 135–145, 146–150, 151–153, 155, 163 f., 167 f., 170 f.

Arnim, Claudine von (geb. Brentano)   153, 164

Arnim, Freimund von   137 f., 153, 164, 168

Arnim, Friedmund von   137 f., 164

Arnim, Gisela von s. Grimm, Gisela

Arnim, Kühnemund von   137, 139, 164

Arnim, Maximiliane von s. Oriola, Maximiliane Gräfin von

Arnim, Siegmund von   137 f., 164

Arnstein, Fanny von   94

Arnstein, Henriette von   94 f., 97

Arnstein, Nathan Adam von   94

Avvocati, Giovanni degli   10

Bachmeyer (Revisor)   29

Barozzi (Französischer Resident in Frankfurt)   29

Baumbach, Anna von s. Arnim, Anna von

Beethoven, Ludwig van   83, 86, 133, 135, 145, 163

Bentheim, Graf Moritz von   149

Bethmann, Simon Moritz von   98

Bianconi, Gian Lodovico   35 f.

Biedermann (Lehrer)   138

Birkenstock, Antonia Edle von s. Brentano, Antonia

Birkenstock, Johann Melchior Edler von   80, 83, 86, 89, 92

Bismarck, Otto von   160, 164

Blechen, Carl   139

Bodmer, Johann Jacob   36

Boisserée, Sulpiz   89

Bonzanigo, Johannes de   11

Borromeo, Carlo   14

Brenta, Johannes de (13. Jh.)   10

Brenta, Johannes del (Ende 12. Jh.)   11

Brentano, Anton Joseph (Antonio Giuseppe B.-Cimaroli; 1741)   19 f., 30, 72

Brentano, Anton Maria (1763)   82, 151 f.

Brentano, Anton Maria (Gnosso; 19. Jh.)   89

Brentano, Antonia (geb. Edle von Birkenstock; 1780)   78, 80, 83, 85 f., 89–91, 92, 120, 123, 133, 148, 155, 158

Brentano, August (1797)   75, 152 f., 155

Brentano, Auguste (geb. Bußmann; 1791)   108, 124, 147

Brentano, Bernardino (um 1585)   14

Brentano, Bernardino («lo Zoppo»; um 1515)   15

Brentano, Bettine (Elisabeth Catharina Ludovica Magdalena; 1785) s. Arnim, Bettine von

Brentano, Carlo Andrea (Cimaroli; 1662)   17

Brentano, Christian Franz Damian Friedrich (1784)   69, 90, 108, 110, 116 f., 120, 124–127, 148, 150, 158, 161

Brentano, Claudine (19. Jh.) s. Arnim, Claudine von

184

Brentano, Clemens Wenzel Maria (1778) 8, 10 f., 12, 48, 52 f., 59, 69, 71 f., 75 f., 82 f., 86, 90, 92, 94, 97–101, 102–104, 106–111, 113–117, 118, 120, 124–127, 130, 133, 135, 141, 145, 146 f., 148, 150, 151 f., 155, 158, 161 f., 163 f., 168

Brentano, Domenico (1651)   21 f., 26

Brentano, Domenico Antonio (1724)   29

Brentano, Domenico Martino (1686)   26, 29 f., 59

Brentano, Dominik Martin Franz Carl (1769)   152

Brentano, Dominikus (1738)   21

Brentano, Emilie (geb. Grenger; 1810)   125–127, 158, 161

Brentano, Fanny (19. Jh)   90

Brentano, Franz (1838)   125, 158–162

Brentano, Franz Dominicus Joseph Maria (1765)   59, 75 f., 78, 80, 82–84, 86, 89–91, 92, 94, 104, 116, 148, 153–155, 158

Brentano, Franz Karl (gest. 1815)   17

Brentano, Franz Xaver (1712)   29

Brentano, Franz Xaver (1727)   21

Brentano, Friederike Anna Ernestine (geb. Freiin von Rottenhof; 1771)   74 f., 151 f.

Brentano, Friedrich Karl Franz (1796)   151

Brentano, Georg (19. Jh.)   89 f.,

Brentano, Georg Anton Josef Reichsfreiherr von (1746)   29 f.,

Brentano, Georg Michael Anton Joseph (1776)   65, 76, 82, 99, 146, 153–155, 164

Brentano, Giovanni (um 1410/20)   14

Brentano, Giovanni Pietro (Monticelli; 1707)   29

Brentano, Giuseppe (Toccia; 1667)   20

Brentano, Graf Giuseppe (Toccia; 1674)   11

Brentano, Gunda (Kunigunde Maria Ludovica Catharina; 1780) s. Savigny, Gunda von

Brentano, Ida (geb. von Lieben; 19. Jh).   159 f.

Brentano, Ignatius (Cimaroli; 1673)   20

Brentano, Josef Anton Freiherr von (Giuseppe Antonio B. di Cimaroli; 1719)   19

Brentano, Joseph Augustin (1753)   30 f.

Brentano, Josepha Maria Walpurga (geb. Brentano-Gnosso; 1744)   59, 151

Brentano, Karl (19. Jh.)   90

Brentano, Ludwig (1811)   155

Brentano, Lujo (Ludwig Joseph; 1844)   8, 22, 125, 161 f.

Brentano, Lulu (Ludovica Maria Catharina; 1787) s. Des Bordes, Lulu

Brentano, Margarita (Toccia; 1689)   20

Brentano, Maria (geb. v. Guaita; 19. Jh.)   155

Brentano, Maria Elisabetta (1700)   26

Brentano, Marianne (1755) s. Ehrmann, Marianne

Brentano, Marie (geb. Schröder; gest. 1815)   153

Brentano, Maximiliane (geb. v. La Roche; 1756)   20, 31, 38, 46–48, 50, 52, 56, 60–62, 65–67, 69, 71 f., 74 f., 80, 94, 104, 106, 118, 122, 130, 133, 135, 145, 146, 147, 151, 152 f., 164, 170 f.

Brentano, Maximiliane (19. Jh.)   86

Brentano, Meline (Magdalena Maria Carolina Franziska; 1788) s. Guaita, Meline von

Brentano, Natale (1611)   15

Brentano, Paula Maria Walpurga (1770) s. Wasmer, Paula Maria Walpurga von

Brentano, Peter Anton (Pietro Antonio; 1735)   8, 20, 31, 46, 56 f., 59–62, 65 f., 69, 71 f., 74–76, 80, 82, 94, 102, 104, 118, 122, 130, 133, 145, 146, 147 f., 151, 152 f., 155

Brentano, Peter Anton Ludwig (1768)   152, 155

Brentano, Sophie (gesch. Mereau, geb. Schubart; 1761)   72, 106, 110, 124, 155

Brentano, Sophie Marie Therese (1776)   51 f., 92–101, 107, 116, 118, 135

Brentano, Stefano (1605)   21

Brentano, Stefano (1684) 26, 29

Brentano, Susanne Philippine Franziska Ludovica (1793) 72

Brentano, Zanolo (um 1445) 14

Brixen, Hans von 72

Buff, Charlotte s. Kestner, Charlotte

Bülow, Hans von 163

Bulwer, Edward George, Baron Lytton of Knebworth 160

Bußmann, Auguste s. Brentano, Auguste

Carl August, Herzog von Sachsen-Weimar (später Großherzog von Sachsen-Weimar-Eisenach) 20

Caroline, Herzogin von Sachsen-Coburg-Gotha 122

Clemens Wenzeslaus, Erzbischof und Kurfürst von Trier 44, 50, 66, 102

Crespel, Bernhard 69, 71, 74

Dalberg, Wolfgang Heribert Freiherr von 50

Daun, Leopold Joseph Graf von 19

Delbrück, Hans 162

Des Bordes, Lulu Freifrau (geb. Brentano, gesch. Jordis) 133, 146–150, 161

Des Bordes, Richard Peter Rosier 148, 150

Diepenbrock, Apollonia 113

Diepenbrock, Melchior 113

Dietz, Hermann Joseph 113

Dietz (Superintendent in Frankfurt) 29

Dilthey, Wilhelm 168

Dumeix, Friedrich Damian 60, 62

Dürer, Albrecht 86, 118

Dyck, Anthonis van 30, 86, 91

Ehrmann, Marianne (geb. Brentano) 21

Ehrmann, Theophil Friedrich 21

Eichendorff, Joseph von 53, 102

Einstein, Albert 162

Emerson, Ralph Waldo 168

Emmerick, Anna Katharina 110 f., 113 f., 116, 124 f., 164

Engelmann, Alfred 11 f., 15

Ernst August II., König von Hannover 120

Eugen von Savoyen, Prinz 17

Finck, Friedrich August von 19

Flemming, Albert Graf von 167

Flemming, Armgart Gräfin von (geb. v. Arnim) 137, 163, 166–168

Fleury, André-Hercule de, Kardinal 32

Forbes-Mosse, Irene 167

Fouquet, Jean 153

Franz I., Römisch-Deutscher Kaiser 19, 29

Franz I., König von Frankreich 14

Franz Joseph I., Kaiser von Österreich und König von Ungarn 159

Freud, Sigmund 160

Freyberg, Max Prokop von 133, 171

Friedrich I. Barbarossa, Römisch-Deutscher Kaiser 10

Friedrich II., Römisch-Deutscher Kaiser 10

Friedrich II. der Große, König von Preußen 19

Friedrich Wilhelm IV., König von Preußen 122, 141 f., 167

Fuchs (Abbé) 151

Galilei, Galileo 161

Gall, Franz Joseph 146

Geibel, Emanuel 167

Gneisenau, August Wilhelm Anton Graf Neidhardt von 128, 145

Goethe, Christiane von 135, 137 f.

Goethe, Johann Wolfgang von 20, 35, 43 f., 45 f., 48 f., 51 f., 56, 61 f., 65 f., 69, 78–82, 97, 118, 128, 130,

133–135, 137–139, 141, 145, 146, 149, 153, 155, 163 f., 170 f., 173

Goethe, Katharina Elisabeth («Frau Rath»)   48, 56, 64–66, 69, 104, 116, 135, 153

Gontard, Susette   97

Görres, Guido   116

Görres, Joseph   97, 113, 116

Gregor VII., Papst   10

Grenger, Emilie s. Brentano, Emilie

Grimm, Gisela (geb. v. Arnim)   137, 163, 167–169, 171 f.

Grimm, Herman   155, 163, 167 f., 170 f., 173

Grimm, Jacob   89, 118, 120, 122, 139, 141, 147

Grimm, Ludwig Emil   89, 114, 149, 153

Grimm, Wilhelm   89, 110, 118, 120, 122, 139, 141, 147, 163

Guaita, Georg Friedrich von   148–150

Guaita, Leberecht von   149 f.

Guaita, Maria von s. Brentano, Maria (19. Jh.)

Guaita, Meline (Magdalene Maria Carolina Franziska, geb. Brentano) von   52, 133, 146–150, 155

Günderrode, Karoline von   86, 120, 133, 141

Gustav III., König von Schweden   30

Gutermann, Johann Jacob   35

Gutermann von Gutershofen, Georg Friedrich   35 f.

Gutermann von Gutershofen, Sophie s. La Roche, Sophie von

Gutzkow, Karl   130, 141

Hals, Frans   30

Hardenberg, Friedrich von s. Novalis

Hardenberg, Karl August Fürst von   148

Heine, Heinrich   114

Heinrich IV., Römisch-Deutscher Kaiser   10

Heinse, Wilhelm   49

Hensel, Luise   110 f.

Herberstein-Moltke, Joseph Anton Franz Graf von   94 f., 97 f.

Herder, Johann Gottfried   43

Hertling, Georg Graf von   150

Heuss, Theodor   162

Heyking, Elisabeth   167

Hoffmann, Ernst Theodor Amadeus   69, 71, 163

Hoffmann von Fallersleben, Heinrich   142

Hohenfeld, Christoph Philipp Freiherr von   50

Holbein d. J., Hans   86

Hölderlin, Friedrich   82, 90, 97

Humboldt, Alexander von   142

Husserl, Edmund   160 f.

Jacobi, Friedrich Heinrich   45–47

Jean Paul (eigtl. Jean Paul Friedrich Richter)   97

Jérôme, König von Westfalen   147

Joachim, Joseph   145, 163, 168

Johann III. Sobieski, König von Polen   17

Jordis, Carl   147 f., 150

Jordis, Lulu (geb. Brentano) s. Des Bordes, Lulu Freifrau

Joseph I., Römisch-Deutscher Kaiser   26

Joseph II., Römisch-Deutscher Kaiser   19, 42, 44, 83, 91

Karl der Große, Römischer Kaiser und König der Franken   78

Karl V., Römisch-Deutscher Kaiser   14

Karl X., König von Frankreich   72

Karl, Herzog von Lothringen   32

Katharina II., Zarin von Rußland   51

Keller, Gottfried   168

Kessler, Harry Graf   162

Kestner, Charlotte (geb. Buff)   61 f., 170

Kestner, Johann Georg Christian   61

Kinkel, Gottfried   167

Kinkel, Johanna   167

Lafontaine, August Heinrich Julius   118
La Roche, Georg Michael Anton von   31, 32 f., 35 f., 38, 42 f.,
   44, 49 f., 60
La Roche, Maximiliane von s. Brentano, Maximiliane
La Roche, Sophie   21, 31, 35, 38, 42–49, 60–62, 65 f., 72, 90,
   92, 95, 118, 133, 135, 147, 151
Lenin, Wladimir Iljitsch   162
Lenz, Jakob Michael Reinhold   43
Leopold I., Römisch-Deutscher Kaiser   11, 17
Leopold II., Römisch-Deutscher Kaiser   19
Leuchsenring, Franz Michael   45, 49
Levin, Rahel s. Varnhagen von Ense, Rahel
Lichnowsky, Fürst Felix   164
Liebe, Ida von s. Brentano, Ida
Ligne, Karl Joseph Fürst de   19
Linder, Emilie   114 f.
Liszt, Franz   8, 142, 163, 167
Lobkowitz, Wenzel Eusebius Fürst von   32
Luther, Martin   48

Mahler, Gustav   107
Malchus, Freiherr von   90
Maria Theresia, Kaiserin   11, 19, 26, 29, 32, 83
Marie-Antoinette, Königin von Frankreich   72
Marx, Karl   130
Masaryk, Thomas   160
Mathieu, Johanna s. Kinkel, Johanna
Mendelssohn Bartholdy, Felix   95
Merck, Johann Heinrich   43, 45, 49 f.
Mereau, Sophie s. Brentano, Sophie (1761)
Michelangelo Buonarotti   168, 173
Mierosławski, Ludwik   142
Minder, Robert   31
Möhn, Joseph Christian   48

Möhn, Luise (geb. von La Roche)   48, 71, 104, 151
Molière (eigtl. Jean-Baptiste Poquelin)   38
Mörike, Eduard   168

Napoleon I., Kaiser der Franzosen   147 f., 167
Novalis (eigtl. Friedrich von Hardenberg)   52, 104

Offenbach, Jacques   69, 71
Oriola, Eduard Graf von   167
Oriola, Maximiliane Gräfin von (geb. v. Arnim)   137, 149,
   164 f., 167
Ostade, Adriaen van   30
Otto I. der Große, Römisch-Deutscher Kaiser   10
Overbeck, Franz   125

Petöfi, Sándor   142 f.
Philipp II., König von Spanien   14
Piautaz, Claudine   151 f.
Planck, Max   162
Plinius d. J.   8
Pompadour, Marquise de (eigtl. Jeanne-Antoinette
   Poisson)   32
Prestel, Christian Erdmann Gottlieb   89
Pückler-Muskau, Hermann Ludwig Heinrich Fürst von
   142

Raffael (eigtl. Raffaello Santi)   30 118
Raimondi, Marc Antonio   86
Ranke, Leopold von   168
Rembrandt Harmensz van Rijn   30, 86
Rölleke, Heinz   107
Rousseau, Jean-Jacques   50
Rubens, Peter Paul   30
Runge, Philipp Otto   124

Sailer, Johann Michael 113

Salomon, Lea 95

Sauerländer, Remigius 127

Savigny, Friedrich Carl von 52, 107, 118, 120–123, 142, 148, 150

Savigny, Gunda (Kunigunde Maria Ludovica Catharina) von (geb. Brentano) 99, 107, 118–120, 122 f., 133, 138, 147 f.

Savigny, Karl Friedrich von 122, 133

Schell, Herman 160 f.

Schelling, Friedrich Wilhelm 104, 158

Schiller, Friedrich 50, 52, 97, 171

Schillings, Max von 91

Schinkel, Karl Friedrich 89

Schlegel, August Wilhelm 104

Schlegel, Friedrich 104, 114, 118

Schleiermacher, Friedrich Daniel Ernst 130

Schleiermacher, Henriette 130

Schongauer, Martin 86

Schröder, Marie s. Brentano, Marie

Schumann, Robert 142

Schwarz, Joseph 49

Sforza, Francesco I., Herzog von Mailand 14

Sforza, Ludovico, gen. il Moro, Herzog von Mailand 14

Shakespeare, William 38, 42, 155

Sophie, Großherzogin von Sachsen-Weimar-Eisenach 171

Spee, Friedrich von 110

Springer, Anton 170

Städel, Rosette 80

Stadion, Anton Heinrich Friedrich Reichsgraf von 32, 35, 38, 42

Steen, Jan 30

Stein, Heinrich Friedrich Karl Reichsfreiherr von und zum 90

Stein zum Altenstein, Christoph Freiherr von 75

Steinhäuser, Karl 145

Steinle, Eduard von 116 f.

St. Paterne, Chevalier 94

Strauss, Richard 92

Suphan, Bernhard 171

Tasso, Torquato 155

Thorvaldsen, Bertel 125

Tieck, Ludwig 104, 106, 139

Tischbein, Johann Heinrich 35

Tizian (eigtl. Tiziano Vecellio) 30

Tschech, Heinrich Ludwig 142

Varnhagen von Ense, Karl August 145

Varnhagen von Ense, Rahel 138

Veit, Johannes 125

Veit, Philipp 125

Voltaire (eigtl. François-Marie Arouet) 50

Voß, Johann Heinrich 108

Wagner, Cosmia 8

Wagner, Richard 164

Wasmer, Paula Maria Walpurga von (geb. Brentano) 152, 155

Wasmer, Wilhelm von 152

Wieland, Christoph Martin 32, 36, 38 f., 42 f., 45–47, 50–52, 95, 97–101, 135

Wieland, Thomas Adam 36

Wilhelm I., Deutscher Kaiser 167

Willemer, Johann Jakob von 78, 80, 94

Willemer, Marianne von 78, 82, 116, 170

Wolff, Theodor 162

Zieten, Hans Joachim von 19

Zwanziger (Fabrikant in Schlesien) 142

Ortsregister

Amsterdam 26, 30 f., 59
Aschaffenburg 116 f., 124, 126 f., 148,
    150, 160 f.
Augsburg 35 f.
Azzano 8, 10

Banz (Kloster) 20
Bellagio 8
Belgrad 19
Berlin 90, 108, 110 f., 113, 120, 122,
    128, 130, 137–139, 141 f., 145, 151,
    158, 163, 168, 170 f.
Biberach an der Riß 35 f., 38
Bingen 22, 78
Blankensee 164
Bologna 10, 35
Bonn 104
Bönnigheim 42
Bonzanigo 10, 12, 14, 17, 19
Boppard 125, 158
Brenta 10, 12
Breslau 161
Bruchsal 17
Bukowan 108, 124 f.

Cadenabbia 8
Chantilly 153
Comer See 8–17, 21 f., 26, 59, 125,
    148, 160, 162
Como 10, 29

Darmstadt 45
Domstädtl 19
Dubizza 19
Dülmen 110 f., 124, 164
Düsseldorf 45

Ehrenbreitstein 31, 44–46, 50 f., 60,
    65 f., 69, 94, 104, 118
Ephesus 114

Florenz 160 f., 168, 171
Frankfurt am Main 21 f., 26–29, 31,
    45 f., 52, 56, 58–60, 62 f., 65 f.,
    68 f., 71 f., 74 f., 78, 80–82, 83, 86,
    88–91, 92, 95, 97 f., 99, 102, 107 f.,
    116, 124, 127, 130, 133, 145,
    146–149, 150, 151 f., 153, 155,
    158, 173
Fritzlar (Kloster) 74, 133, 147

Geisenheim 78
Gelnhausen 120
Genua 20, 29, 59
Göttingen 104, 106, 120
Griante 8
Grimma 124
Günzburg 29

Halle 104
Hamburg 124
Hanau 120
Hassenberg (Schloß) 152, 155

Heidelberg 17, 66, 102, 104–106, 107,
    113
Herrenchiemsee 125
Hochkirch 19

Intelvital 8
Isola Comacina 8

Jena 104, 124
Johannisberg (Schloß) 78
Jüterbog 137

Kapellendorf 98
Karlsruhe 167
Karlstadt 19
Kassel 74, 122, 147
Koblenz (s. auch Ehrenbreitstein) 50,
    104, 113
Kolin 19
Königgrätz 91
Königsberg 60
Konstantinopel 29 f.
Kreuznach 130

Landau 72
Landshut 120, 133
Leipzig 159, 161
Lenno 8
Leuthen 19
London 59

Madrid 14
Mailand 10 f., 14, 29
Mainz 22, 29, 32, 35, 38
Mannheim 50
Marburg 124
Marienberg (Kloster) 125, 158
Marignano 14
Marseille 59
Maxen 19
Melk (Stift) 160
Menaggio 8, 14, 148
Metz 32
München 89, 114, 116, 133, 158,
  162

Niederingelheim 78
Nizza 125
Novi 19
Nürnberg 17, 29

Offenbach 50, 52, 133, 147
Oßmannstedt 51 f., 95, 97–101, 118,
  155

Palermo 160
Paris 38, 147 f.
Pavia 10, 14
Peterswaldau 142
Pfaffendorf (Schloß) 75, 152
Potsdam-Sanssouci 167
Preßburg 163

Rapperswil 20 f.
Regensburg 29 f., 113
Riviera della Tremezzina 8, 17, 21, 162
Rödelheim bei Frankfurt 155
Rom 125, 160
Rüdesheim 22, 78

Salzburg 133
Speyer 50
Straßburg 17, 21, 161
Stuttgart 21
Susino 11

Tauberbischofsheim 32, 124
Teplitz 128, 130, 135

Trages (Hofgut) 120, 122, 148
Tremezzo 8, 10 f., 12–15, 21 f., 26, 59,
  75
Trier 19 f., 50
Tübingen 29

Valmy 19
Venedig 10, 59

Warthausen (Schloß) 35, 38, 40–42
Wasserlos (Schloß) 148
Weimar 51 f., 66, 80, 114, 135, 137,
  141, 163 f., 170 f.
Wetzlar 29, 61
Wien 11, 17, 19, 26, 80, 83, 86, 92,
  94 f., 108, 110, 133, 135, 145,
  158–160, 161
Wiepersdorf 137 f., 145
Wiesbaden 80
Winkel/Rhg. 78–80, 86–89, 91, 111, 123
Würzburg 150, 158

Zürich 36, 161

Bildnachweis

Museum der Stadt Aschaffenburg   126

Stadt- und Stiftsarchiv Aschaffenburg   13

Bildarchiv Preußischer Kulturbesitz Berlin   70, 109, 110, 140

Staatsbibliothek zu Berlin   99

Wieland-Museum Biberach   39, 44 unten, 95, 97

Staatsarchiv Coburg   152

Merck-Archiv Darmstadt   45

Goethe-Museum Düsseldorf, Anton-und-Katharina-Kippenberg-Stiftung   60, 63, 100 oben, 134, 145

Freies Deutsches Hochstift / Frankfurter Goethe-Museum, Frankfurt a. Main (Fotos: Ursula Edelmann, Frankfurt a. M.)   33, 42, 48, 57, 61, 64, 67, 69, 71, 73, 93, 103, 105, 106, 107, 116, 119, 121, 125, 131, 136, 138, 139, 141, 144, 149, 154, 155, 163, 165, 166, 167, 169, 170, 171

Historisches Museum Frankfurt a. Main   27, 58, 150

Städelsches Kunstinstitut Frankfurt a. Main   112, 117

Hamburger Kunsthalle Hamburg   9

Brüder Grimm-Museum Kassel   127

Bundesarchiv Koblenz   161

Mittelrheinmuseum Koblenz   49 (Foto Gauls)

Schiller-Nationalmuseum / Deutsches Literaturarchiv, Marbach am Neckar   37, 51, 108, 113, 114

Bayerische Staatsgemäldesammlungen München   23

Abtei St. Bonifaz München   115

Germanisches Nationalmuseum Nürnberg   28

Staatliche Schlösser und Gärten Potsdam-Sanssouci   142

Stiftung Weimarer Klassik, Weimar   100 unten, 129, 137, 143

Österreichische Nationalbibliothek Wien   44 oben, 160

Angela und Udo von Brentano, Winkel im Rheingau (Fotos: Foto Killian, Rüdesheim)   74, 79, 81, 83, 84, 85, 86, 87, 88, 89, 91, 132, 153

Weitere Illustrationen stammen aus den in der Bibliographie verzeichneten Buchpublikationen.